UN LLAMADO A LA PUREZA

UN LLAMADO A LA PUREZA

EL SEXO, EL MATRIMONIO Y DIOS

J. CHRISTOPH ARNOLD

PRÓLOGO DE LA MADRE TERESA

THE PLOUGH PUBLISHING HOUSE

Published by The Plough Publishing House
of The Bruderhof Foundation, Inc., Farmington, PA 15437 USA
and by Bruderhof Communities in the UK, Robertsbridge, East Sussex, TN32 5DR UK

07 05 04 03 02 10 9 8 7 6 5 4 3

Título del original: *A Plea For Purity: Sex, Marriage, and God*

Traducido del inglés por Cambridge Translation Resources, 1996
Revisado y publicado por Ediciones LUMEN, Buenos Aires, 1997
Revisado por The Plough Publishing House, 1999

A catalog record for this book is available from the British Library

Library of Congress Cataloging-in-Publication Data

Arnold, Johann Christoph, 1940-
[Plea for purity. Spanish]
Un llamada a la pureza : el sexo, el matrimonio y Dios / J. Christoph Arnold ; prólogo de la Madre Teresa.
p. cm.
ISBN 0-87486-994-3 (pbk. : alk. paper)
1. Sex--Religious aspects--Christianity. 2. Marriage--Religious aspects--Christianity. 3. Sex--Religious aspects--Bruderhof Communities. 4. Marriage--Religious aspects--Bruderhof Communities. 5. Bruderhof Communities--Doctrines. I. Title.
BT708 .A7518 2000
248.4--dc21
00-008298

Printed in the USA

ESTIMADO LECTOR:

Cuando comencé a leer el manuscrito de *Un llamado a la pureza*, el libro que ahora tiene usted en sus manos, mi primera reacción fue de enojo. Sentí como si alguien me estuviera condenando y prácticamente destrozando hasta el último pedacito de mi vida. ¿Cómo podría hacer eso una persona que ni siquiera había experimentado lo que yo he vivido? Pensé que quizás la relación cristiana perfecta o el matrimonio cristiano perfecto podría lograrla alguien que viviera dentro de los confines de alguna comunidad devota, pero aquel ideal nunca estuvo a mi alcance. Mis padres se han divorciado y se han vuelto a casar más de una vez y yo estoy esperando dar a luz al hijo de un hombre con el cual no estoy casada. Ésta es mi realidad.

Durante muchas noches de lectura, me había agitado tanto que tuve que dejar de leerlo. En un momento hasta me prometí no continuar. Luego alguien me aconsejó que leyera los Evangelios para ver lo que decían acerca del amor y el matrimonio, no como una tarea sólo para averiguar los hechos, sino como una especie de búsqueda espiritual. Al leer los Evangelios con su mensaje de esperanza, decidí que debía reevaluar mi actitud hacia el libro.

Al volver a leerlo desde el principio, ya no sentía la necesidad de estar a la defensiva y, lo que era más importante, ya no me sentía condenada. Más bien, recibía aliento de cada página. Al final, me quedé con el manuscrito y lo repasé varias veces. Es cierto que todavía hay partes en que tropiezo, pero el mensaje principal que me imparte sigue siendo el de la esperanza.

Si usted se siente frustrado la primera vez que lea este libro, como me pasó a mí, tome el tiempo para evaluar el origen de su frustración. Dése el lujo de volver a leerlo y ver su mensaje desde una perspectiva de esperanza: ¿Cómo podría este mensaje aliviar o curar mi herida?

Le advierto, desde luego, que éste no es un libro que se puede tratar a la ligera. Si su meta es lograr una sólida relación o un matrimonio cristiano, acuérdese que para alcanzar esa meta no puede desviarse del camino en ningún sentido. El secreto consiste en tratar de entender este libro con un corazón abierto. Yo creo firmemente que esta obra está cambiando mi vida. Quizás hará lo mismo para usted.

M. L.
Honolulu, Hawaii
octubre de 1995

ÍNDICE

PRÓLOGO

En *Un llamado a la pureza* encontramos un mensaje que hoy se necesita en todas partes del mundo. El ser puro, y mantenerse puro, sólo se logra pagando un precio: el de conocer a Dios y de amarlo lo suficiente para hacer su voluntad. El Señor siempre nos dará la fuerza que necesitamos para guardar la pureza como algo hermoso para Dios. La pureza es el fruto de la oración. Si los miembros de la familia oran juntos, se mantendrán en unidad y pureza y se amarán los unos a los otros como Dios ama a cada uno de ellos. Un corazón puro es el portador del amor de Dios, y donde hay amor, hay unidad, gozo y paz.

M. Teresa MC

La Madre Teresa de Calcuta
noviembre de 1995

INTRODUCCIÓN

En la actualidad, en todas partes, las personas están buscando relaciones personales que sean duraderas y significativas. El mito del romance lo siguen creyendo millones de personas y una nueva generación de jóvenes ha aceptado la creencia de que la libertad sexual es el secreto de la realización propia. Sin embargo, a pesar de su desesperación por creer en la revolución sexual de las últimas décadas, muchas personas se han dado cuenta de que algo ha fallado enormemente. En vez de traer la libertad, la revolución sexual ha producido un sinnúmero de almas heridas y aisladas. Al afrontar la gran angustia que nos rodea, es más importante que nunca que todos nosotros, tanto jóvenes como maduros, analicemos el enfoque de nuestras vidas y nos preguntemos a dónde vamos.

El siglo veintiuno proclama la pérdida final de las enseñanzas claras del Antiguo y el Nuevo Testamento acerca del matrimonio y la relación entre los sexos. Le hemos dado la espalda a Dios y nos hemos rebelado contra su orden de la creación y hemos justificado nuestra rebelión con argumentos humanos. Hemos ignorado las palabras de Jesús y despreciado la voz del Espíritu Santo. Sin embargo, no hemos encontrado ni libertad ni satisfacción propia.

Como pastor he aconsejado a numerosas personas a través de los años, tanto solteras como casadas. Para un gran número de ellas, el aspecto sexual no constituye un medio de gozo sino de frustración, confusión, y aún desesperación. Las personas buscan la unidad del corazón con el alma, pero están tan cegadas por el concepto del amor romántico que sus anhelos más profundos permanecen escondidos. Saben que el matrimonio y la unión sexual son un regalo de Dios; que debe ser la relación más íntima y placentera que pueden compartir un hombre y una mujer. Sin embargo, se preguntan por qué se ha convertido en una fuente de tanta soledad y dolor para ellos y para muchas otras personas.

A menudo he observado que cuando las personas están dispuestas a entregar su vida a Jesús, pueden encontrar la manera de salir de su desdicha. Constantemente he observado que una vez que las personas tienen el valor y la humildad de confrontar su llamado al arrepentimiento, nuestro Señor puede darles verdadera libertad y felicidad.

Jesús trae la verdadera revolución. Él es la fuente original del amor, porque Él es el amor mismo. Su enseñanza no trata de la mojigatería ni del libertinaje: Él ofrece a sus seguidores un camino completamente diferente. Él imparte una pureza que nos libera de nuestro pecado y nos conduce a la posibilidad de una vida completamente nueva.

Hay muy poco en la cultura de hoy que nutre o protege la nueva vida que Jesús desea darnos. Se habla incesantemente de la importancia de tener un compromiso serio en el matrimonio y gozar de una vida familiar sana, pero ¿cuántos de nosotros estamos dispuestos a decidir convertir estos valores en una realidad concreta? Muchos tenemos la tendencia de culpar a la sociedad por las influencias que nos corrompen. Sin embargo, ¿qué sucede con nosotros, los llamados cristianos? ¿Cuántos de nosotros estamos dispuestos a apagar la televisión y hacer una evaluación directa y sincera de nuestro propio matrimonio o relaciones emotivas y nuestra propia vida? ¿Cuántos de nosotros en realidad apoyamos a los hermanos y hermanas a nuestro alrededor en la lucha diaria por la pureza? ¿Cuántos nos exponemos al riesgo que representa confrontar el pecado en la vida de los que nos rodean? ¿Cuántos de nosotros realmente rendimos cuentas a otra persona de nuestro comportamiento?

Existe un inmenso dolor entre los que dicen ser seguidores de Cristo: familias desintegradas, esposas maltratadas, hijos descuidados o abusados, y relaciones pecaminosas. Sin embargo, en vez de una fuerte protesta, sólo hay indiferencia. ¿Cuándo despertaremos y nos daremos cuenta de que nuestra apatía nos está destruyendo?

Más que nunca, debemos volver a un entendimiento de la Iglesia como un cuerpo viviente de personas entregadas, que comparten la vida con hechos prácticos de amor. Sin embargo, primero debemos comenzar con nosotros mismos y luego ver cómo podemos animar a los que viven a nuestro alrededor. Necesitamos conocer bastante bien a nuestros jóvenes para poder guiarlos en la búsqueda de relaciones personales y compromisos para toda la vida; necesitamos proporcionar un apoyo constante a los matrimonios que nos rodean; necesitamos trabajar para la sanidad espiritual y emocional cuando nuestros hermanos o hermanas tropiezan o caen, y aceptar su ayuda cuando nosotros mismos hemos caído.

Más que nada, debemos demostrarle al mundo que las enseñanzas incomparables de Jesús y sus apóstoles representan la única respuesta al espíritu de nuestros tiempos. Por dichas razones yo he recopilado este pequeño libro. No me considero ni escritor ni erudito bíblico. También estoy totalmente consciente de que la mayoría de lo que he escrito va completamente en contra de lo que es la sabiduría popular. Sin embargo, siento la necesidad urgente de compartir mi certeza de que el llamado de Jesús a una vida de amor, pureza, honestidad y entrega representa nuestra única esperanza.

Éste no es sólo un libro personal; emana de la vida del Bruderhof, la comunidad cristiana a la cual pertenezco,[1] y todo lo que he escrito es un intento por expresar el sentimiento aunado de nuestros miembros. Nuestro deseo y anhelo es que todos nosotros – todos los hombres y mujeres de nuestros tiempos – pudiéramos detenernos para volver a considerar el propósito de Dios con respecto al sexo y al matrimonio.

En la actualidad, muchas personas simplemente han dejado de creer que es posible llevar una vida de pureza. Han aceptado como realidad el mito de la «liberación» sexual y han tratado de vivir con sus desilusiones; y cuando sus relaciones se derrumban, justifican sus fracasos. No han podido apreciar el maravilloso don que significa la pureza.

De todos modos, creemos que en lo más profundo de todos los corazones existe el anhelo de tener relaciones nítidas y un amor perdurable. Hay que tener valor y autodisciplina para realmente *vivir* de manera diferente, lo que en verdad es posible. Dondequiera que existe una Iglesia fiel – una comunidad de personas que se han comprometido a vivir en base a relaciones auténticas y honestas – hay ayuda y esperanza para todas las personas y todos los matrimonios. Ojalá que este libro les brinde esa fe a todos los lectores.

J. Christoph Arnold
Rifton, Nueva York

[1] Ver apéndice: «El Bruderhof».

EN EL PRINCIPIO

CAPÍTULO 1

A IMAGEN DE DIOS

> Entonces dijo Dios: Hagamos al ser humano a nuestra imagen, como semejanza nuestra; y manden en los peces del mar, en las aves de los cielos, en las bestias, en todas las alimañas terrestres y en todas las sierpes que serpean por la tierra. Y creó Dios al ser humano a su imagen, a imagen de Dios lo creó; macho y hembra los creó. Y los bendijo Dios, y díjoles: Sed fecundos y multiplicaos, y henchid la tierra, y sometedla.
> (Génesis 1.26-28)

En el primer capítulo de la historia de la creación, leemos que Dios creó a la humanidad – tanto varón como hembra – a su propia imagen, y que Él los bendijo y les mandó que fueran fructíferos y que cuidaran la tierra. Desde un principio, Dios se muestra como el Creador que «vio todo lo que había hecho, y he aquí que era bueno en gran manera». Aquí, al principio de la Biblia, Dios nos revela su corazón. Aquí descubrimos el plan de Dios para nuestras vidas.

Muchos, si no la mayoría, de los cristianos del siglo veinte desechan la historia de la creación, considerándola un mito. Otros insisten que sólo es válida la interpretación más estricta y más literal de Génesis. Yo simplemente tengo reverencia por la palabra de la Biblia tal como es. Por una parte, no consideraría desechar con argumentos ninguna parte de las Sagradas Escrituras. Por otra parte, creo que los científicos tienen razón al advertirnos que la Biblia no se debe tomar demasiado literalmente. Según dice San Pedro: «Para con el Señor un día es como mil años, y mil años como un día» (2 Pedro 3.8).

LA IMAGEN DE DIOS NOS HACE SERES SINGULARES

La manera exacta en que fueron creados los seres humanos seguirá siendo un misterio que sólo el Creador puede revelar. Sin embargo, estoy seguro de una cosa: ninguna persona puede encontrar significado ni propósito sin Dios. En vez de desechar la historia de la creación simplemente porque no la entendemos, debemos encontrar su verdadero significado profundo y volver a descubrir su pertinencia para nosotros hoy.

En nuestra época degenerada, casi se ha perdido completamente la reverencia para el plan de Dios según se describe en el libro de Génesis. No apreciamos lo suficiente el *significado* de la creación: la importancia tanto del hombre como de la mujer como criaturas formadas a la imagen y semejanza de Dios. Esta semejanza nos distingue de manera especial del resto de la creación y hace que toda vida humana sea sagrada (cf. Génesis 9.6). Ver la vida desde cualquier otro punto de vista, por ejemplo, es considerar a los demás solamente en base a su utilidad, y no como Dios los ve; significa ignorar su valor y dignidad innata.

¿Qué significa la creación «a imagen de Dios»? Significa que debemos ser una ilustración viviente de la persona de Dios. Significa que somos colaboradores que comparten su obra de crear y alimentar la vida. Significa que pertenecemos a Dios, y que nuestro ser, nuestra misma existencia, siempre debe mantenerse relacionado con Él y estar bajo su autoridad. En el momento en que nos separemos de Dios, perdemos de vista nuestro propósito aquí en esta tierra.

En Génesis leemos que tenemos el espíritu viviente de Dios: «Entonces Jehová Dios formó al hombre del polvo de la tierra, y sopló en su nariz aliento de vida, y fue el hombre un ser viviente» (Génesis 2.7). Al darnos su espíritu, Dios nos convirtió en seres responsables que tienen la libertad de pensar y actuar, y de hacerlo con amor.

Sin embargo, aun si poseemos un espíritu viviente, seguimos siendo sólo imágenes del Creador. Y si consideramos la creación desde un punto de vista enfocado en Dios, y no en los seres humanos, entenderemos nuestro verdadero lugar en su orden divino de la vida. La persona que niega que tiene su origen en Dios, que niega que Dios es una realidad viviente en su vida, pronto se perderá en un vacío terrible. Por fin, se encontrará atrapada en una autoidolatría que trae consigo el desprecio propio y un desprecio hacia el valor de los demás.

TODOS ANHELAMOS LO IMPERECEDERO

¿Qué seríamos si Dios no hubiera soplado en nosotros su aliento de vida? Toda la teoría de evolución de Darwin, fuera de contexto, es peligrosa e inútil porque no está enfocada en Dios. Algo dentro de cada uno de nosotros se rebela contra la idea de que hemos sido producidos por un universo sin ningún propósito. Dentro de lo más profundo del espíritu humano existe la sed de conocer lo que es perdurable e imperecedero.

Ya que somos creados a la imagen de Dios, y Dios es eterno, no podemos, al final de la vida, desvanecernos simplemente como el humo. Nuestra vida está arraigada en la eternidad. Christoph Blumhardt[2] escribe: «Nuestras vidas llevan la marca de la eternidad, del Dios eterno que nos creó para ser su imagen. Él no quiere que nos inundemos en lo transitorio, sino que nos llama a sí mismo, a lo que es eterno».[3]

Dios ha colocado la eternidad en nuestros corazones, y en lo más profundo de cada uno de nosotros existe un anhelo por la eternidad. Si negamos esto y vivimos sólo por el presente, todo lo que nos sucede en la vida quedará cubierto de conjeturas tormentosas, y seguiremos profundamente insatisfechos. Ninguna persona, ningún arreglo humano, jamás puede llenar el anhelo de nuestras almas.

La voz de la eternidad habla más claramente en nuestra conciencia. Por eso la conciencia es, quizás, el elemento más profundo dentro de nosotros. Nos advierte, despierta y dirige en la tarea que nos ha dado Dios (cf. Romanos 2.14-16). Y cada vez que se hiere el alma, nuestra conciencia nos acusa con vehemencia. Si le hacemos caso a nuestra conciencia, nos puede guiar. Sin embargo, cuando estamos separados de Dios, nuestra conciencia titubeará y se descarriará. Esto le sucede no sólo a una persona, sino también a un matrimonio.

Desde ya en el capítulo 2 de Génesis, leemos acerca de la importancia del matrimonio. Cuando Dios creó a Adán, dijo que todo lo que había hecho era bueno. Luego creó a la mujer para ser una ayuda y colaboradora del hombre, porque vio que no era bueno que el hombre estuviera solo. Este es un misterio profundo: el hombre y la mujer – lo masculino y lo femenino – deben estar juntos para for-

---

[2] Christoph Friedrich Blumhardt (1842-1919), pastor alemán, autor, y socialista religioso.

[3] Johann Christoph y Christoph Friedrich Blumhardt, *Now Is Eternity* (Farmington, PA: Plough, 1999), pág. 28.

mar un cuadro completo de la naturaleza de Dios y ambos se pueden encontrar en Él. Juntos llegan a ser lo que ninguno de ellos podría ser solo y separado.

Todo lo que Dios ha creado nos ayuda a entender su naturaleza: las montañas majestuosas, los océanos inmensos, los ríos y las grandes expansiones de agua; las tormentas, los truenos y relámpagos, los grandes témpanos de hielo flotante, los campos, las flores, los árboles y helechos. Hay poder, aspereza y hombría, pero también hay ternura, calor materno y sensibilidad. Y así como las diferentes formas de vida en la naturaleza no existen aisladas unas de otras, así también los hijos de Dios, varón y hembra, no existen a solas. Son diferentes, mas los dos fueron creados a la imagen de Dios y se necesitan el uno al otro para realizar sus verdaderos destinos.

CUANDO SE DESFIGURA LA IMAGEN DE DIOS, LAS RELACIONES PERSONALES DE LA VIDA PIERDEN SU PROPÓSITO

Es trágico que en muchos aspectos de la sociedad actual, las diferencias entre el hombre y la mujer han quedado borrosas y distorsionadas. La imagen pura y natural de Dios se está destruyendo. Se habla interminablemente de la igualdad entre el hombre y la mujer, pero en realidad, las mujeres son maltratadas y explotadas ahora más que nunca. En el cine, en la televisión, en revistas y en carteleras, la mujer ideal (y, cada vez más, el hombre ideal) se muestra como un simple objeto sexual.

Ya no son sagrados los matrimonios de nuestra sociedad. Cada vez más se consideran como experimentos o como contratos entre dos personas que miden todo en base a sus propios intereses. Y cuando fracasan los matrimonios, siempre existe la alternativa de un «divorcio sin culpa», y después se intenta otro matrimonio con una nueva pareja. Muchas personas ya ni siquiera se molestan en hacer promesas de fidelidad; simplemente viven juntos. Se desprecia a las mujeres que dan a luz y se dedican a sus hijos o que siguen casadas con un solo hombre. Y aun cuando su matrimonio es saludable, a menudo se ve a la mujer como víctima de la opresión y se supone que necesita ser «rescatada» del dominio de su esposo.

Tampoco se aprecia a los hijos como algo de valor. En el libro de Génesis, Dios mandó: «Fructificad y multiplicaos.» Hoy evitamos la «carga» de los hijos no deseados por medio del aborto legal. Los niños son una molestia; cuesta demasiado traerlos al mundo, criarlos, y darles una educación universitaria. Representan una carga económica para nuestras vidas materialistas. Tampoco disponemos del tiempo necesario para amarlos de verdad.

No nos debe sorprender, entonces, que tantas personas de nuestros tiempos hayan perdido la esperanza. Que también hayan perdido la ilusión de encontrar un amor perdurable. La vida ha perdido su valor; se ha convertido en algo barato; las personas ya no la consideran como un regalo de Dios. Sin embargo, la verdad es que, sin Dios, la vida es como la muerte, y sólo quedan tinieblas y la herida profunda de vivir separados de Él.

A pesar de los esfuerzos y dedicación de muchas personas, la iglesia actual ha fracasado rotundamente en lo que se refiere a resolver este problema. Por eso, con mayor razón cada uno de nosotros debe regresar al principio y preguntarse de nuevo: «En primer lugar, ¿por qué creó Dios al hombre y a la mujer?» Dios ha creado a todas las personas a su imagen, y ha establecido una tarea específica para cada hombre, mujer y niño en esta tierra, una tarea que Él espera que realicemos. Nadie puede hacer caso omiso del propósito de Dios para su creación ni para sí mismo sin sufrir un gran vacío interior (cf. Salmo 7.14-16).

El materialismo de nuestros tiempos le ha restado a la vida su propósito moral y espiritual. Impide que veamos el mundo con admiración y con una sensación de maravilla; impide también que veamos nuestra verdadera tarea. La enfermedad de espíritu y alma que ha surgido como resultado de convertirnos en consumidores obsesionados, ha corroído nuestra conciencia de tal manera que ya no es posible reflejar claramente el bien y el mal. Sin embargo, todavía existe una necesidad muy profunda en cada uno de nosotros que nos hace anhelar lo bueno.

Encontraremos la sanación sólo si creemos firmemente que Dios nos creó y que Él es el dador de la vida, el amor, y la misericordia. Según leemos en el tercer capítulo del Evangelio de San Juan; «Porque de tal manera amó Dios al mundo, que ha dado a su Hijo unigénito, para que todo aquel que en Él cree, no se pierda, mas tenga vida eterna. Porque no envió Dios a su Hijo al mundo para condenar al mundo, sino para que el mundo sea salvo por Él».

En el hijo de Dios, en Jesús, aparece la imagen de Dios con la mayor claridad y acabamiento (cf. Colosenses 1.15). Como la imagen perfecta de Dios, y como el único camino al Padre, Él nos trae vida y unidad, felicidad y realización. Sólo podemos experimentar su amor y bondad cuando vivimos nuestra vida en Él, y sólo en Él podemos encontrar nuestro verdadero destino. Este destino es ser la imagen de Dios; es tener dominio sobre la tierra en su espíritu, que es el espíritu creativo del amor que nos imparte la vida.

CAPÍTULO 2

NO ES BUENO QUE EL HOMBRE ESTÉ SOLO

> Y dijo Yahveh Dios: No es bueno que el hombre esté solo; voy a hacerle una ayuda adecuada...Entonces Jehová Dios hizo caer un profundo sueño sobre el hombre, el cual se durmió y le quitó una de las costillas, rellenando el vacío con carne. Y de la costilla que Yahveh Dios tomó del hombre, formó una mujer, y la llevó ante el hombre. Entonces éste exclamó: Esta vez sí que es hueso de mis huesos y carne de mi carne; ésta será llamada mujer, porque del varón ha sido tomada.
> (Génesis 2.18, 21-23).

Hay pocas cosas en la vida de una persona que son tan difíciles de soportar como lo es la soledad. Los presos que están en incomunicación penal han contado que han sentido gran alegría hasta al ver una araña; cuando menos es *algo* vivo. Dios nos creó como seres sociales. Sin embargo es alarmante ver que nuestro mundo moderno va en contra de todo lo que es el sentido de comunidad. En muchas facetas de la vida, el progreso tecnológico ha resultado en el desmoronamiento de la comunidad. Las máquinas han logrado que las personas cada vez más parezcan innecesarias.

Mientras las personas mayores son relegadas a las comunidades de ancianos jubilados u hogares donde las cuidan otras personas, mientras los obreros de fábricas son reemplazados por computadoras, mientras hombres y mujeres jóvenes buscan año tras año un trabajo significativo, caen todos en la angustia, pierden toda esperanza. Algunos dependen de la ayuda de terapeutas y psicólogos, y otros buscan el escape mediante el alcoholismo, las drogas y el suicidio. Separados de Dios y de los demás, la vida de miles de personas se caracteriza por una desesperación silenciosa.

DIOS NOS CREÓ PARA VIVIR CON Y PARA LOS DEMÁS

Dios ha sembrado dentro de cada uno de nosotros un anhelo instintivo de lograr una semejanza más parecida a Él, un anhelo que nos impulsa hacia el amor, la comunidad y la unidad. En su última oración, Jesús subraya la importancia de este anhelo: «Para que todos sean uno; como tú, oh Padre, en mí, y yo en ti, que también ellos sean uno en nosotros; para que el mundo crea que tú me enviaste» (S. Juan 17.21).

El vivir aislado de los demás destruye esta unidad y conduce a la desesperación. Thomas Merton escribe:

> La desesperación es el colmo absoluto del amor propio. Se produce cuando un hombre deliberadamente le da la espalda a cualquier ayuda de los demás, para poder saborear el lujo podrido de saber que él mismo está perdido…
>
> La desesperación es el desarrollo máximo de una soberbia tan grande y tan terca que escoge la miseria absoluta de la condenación en vez de aceptar la felicidad de la mano de Dios, y así reconocer que Él es mayor que noso-

> tros y que no somos capaces de realizar nuestros destinos por nuestras propias fuerzas.
>
> Sin embargo, un hombre que es verdaderamente humilde no se puede desesperar, porque en un hombre humilde ya no existe la autocompasión.[4]

Vemos aquí que la soberbia es una maldición que conduce a la muerte. La humildad, sin embargo, conduce al amor. El amor es el mayor regalo que se le ha dado a la humanidad; es nuestro llamado verdadero. Es el «sí» a la vida, el «sí» a la vida en comunidad. Sólo el amor satisface el anhelo de nuestro ser más profundo.

Nadie puede vivir de verdad sin el amor; es la voluntad de Dios que todas las personas traten con caridad a todas las demás. Todas las personas son llamadas a amar y ayudar a los que las rodean en nombre de Dios (cf. Génesis 4.8-10).

Dios quiere que vivamos en comunidad unos con otros y que nos ayudemos mutuamente con amor. Y no cabe duda de que, cuando hacemos contacto con el corazón más profundo de nuestro hermano o hermana, le podemos ayudar, porque «nuestra» ayuda viene de Dios mismo. Según dice San Juan: «Nosotros sabemos que hemos pasado de la muerte a la vida, en que amamos a los hermanos. El que no ama a su hermano, permanece en la muerte» (1 Juan 3.14). Nuestras vidas se realizan sólo cuando el amor se enciende, se prueba, y llega a dar fruto.

Jesús nos dice que los dos mandamientos más importantes consisten en amar a Dios con todo nuestro corazón, alma y fuerza, y amar a nuestro prójimo como a nosotros mismos. Y estos dos mandamientos no se pueden separar: el amor hacia Dios siempre debe significar amor hacia el prójimo. No podemos encontrar una relación con Dios si

[4] Thomas Merton, *New Seeds of Contemplation* (New York: New Directions, 1972), pág. 180.

ignoramos a los demás (cf. 1 Juan 4.19-21). Nuestro camino hacia Dios debe pasar a través de nuestros hermanos y hermanas y, en el matrimonio, a través de nuestro cónyuge.

Si estamos llenos del amor de Dios, nunca podemos sentirnos solos ni aislados por mucho tiempo; siempre encontraremos a quién amar. Dios y nuestro prójimo siempre estarán cerca de nosotros. Todo lo que tenemos que hacer es buscarlos. Cuando sufrimos a causa de la soledad, a menudo se debe simplemente a que deseamos ser amados en vez de amar nosotros. La verdadera felicidad resulta de dar amor a otros. Necesitamos construir, una y otra vez, la comunidad de amor con nuestro prójimo, y en esta búsqueda, todos debemos convertirnos en un servidor, un hermano o una hermana. Vamos a pedirle a Dios que desahogue nuestros corazones sofocados para poder dar este amor, sabiendo que lo encontramos sólo en la humildad de la cruz.

CADA PERSONA PUEDE SER UN INSTRUMENTO DEL AMOR DE DIOS

En la historia de la creación de Adán y Eva, está claro que el hombre y la mujer fueron creados para ayudarse, para apoyarse, para complementarse mutuamente. ¡Qué gozo debe haber sentido Dios cuando le trajo la mujer al hombre y el hombre a la mujer! Ya que todos fuimos creados a la imagen de Dios, a su semejanza, todos debemos encontrarnos unos a otros en un contexto de gozo y amor, seamos casados o no.

Al traerle Eva a Adán, Dios les muestra a todos los humanos su verdadero llamado – el de ser servidores que revelan su amor al mundo. Y al traernos a su Hijo, Jesús, Él nos muestra que nunca nos dejará solos ni sin ayuda. Jesús mismo dijo: «No os dejaré huérfanos; volveré a vosotros.» Él nos promete que «el que tiene mis mandamientos y los guarda, ése es el que me ama; y el que me ama, será amado por mi Padre, y yo lo amaré, y me manifestaré a él» (S. Juan 14.18-21).

¿Quién podrá entender la profundidad de esas palabras y la esperanza que traen a nuestro mundo atribulado? El que se siente más solo, más decepcionado y desilusionado, aun si no puede encontrar ninguna amistad humana, puede estar seguro que nunca estará solo. Al encontrarse desilusionado, puede sentir que Dios lo ha abandonado, pero en realidad es él quien ha abandonado a Dios.

Dios unió a Adán y a Eva para sanar su soledad y librarlos de su egoísmo. El Señor tiene el mismo plan para todos los hombres y todas las mujeres que une en el matrimonio. Sin embargo el matrimonio en sí no puede traer la sanidad. A menos que permanezcamos en Cristo, no daremos fruto. Cuando amamos a aquel que es nuestro único apoyo, nuestra esperanza y nuestra vida, podemos sentirnos seguros en el conocimiento y el amor de unos a otros. Sin embargo, si nos aislamos internamente de Cristo, nada saldrá bien. Nuestro Señor por sí sólo conserva todas las cosas intactas y nos da acceso a Dios y a los demás (cf. Colosenses 1.17-20).

DIOS ES LA FUENTE Y EL OBJETO DEL AMOR VERDADERO

El matrimonio no es la meta más alta de la vida. La imagen de Dios se refleja de la manera más brillante cuando está el amor primero hacia Él y luego hacia nuestros hermanos y hermanas. En un verdadero matrimonio cristiano, entonces, el esposo guiará a su esposa y a sus hijos no hacia sí mismo, sino hacia Dios. De la misma manera, una esposa apoyará a su esposo como compañero, y juntos guiarán a sus hijos a honrarlos como padre y madre y a amar a Dios como su creador.

El ser un servidor de otra persona en nombre de Dios no es una simple obligación, sino un regalo. ¡Qué diferentes serían nuestras relaciones personales si volviéramos a descubrir esto! Vivimos en una época en que el temor y la desconfianza nos invaden dondequiera que vayamos. ¿En dónde está el amor, el amor que edifica la comunidad y la Iglesia?

Hay dos clases de amor. Uno se enfoca sin egoísmo hacia los demás y al bienestar de ellos. El otro es posesivo y se limita al ego. San Agustín escribió una vez: «El amor es el 'yo' del alma, la mano del alma. Cuando contiene una cosa, no puede contener otra cosa. Para poder recibir algo, antes hay que soltar lo que uno tenía.»[5] El amor de Dios no desea nada. Se da y se sacrifica a sí mismo, porque éste es su gozo.

El amor siempre tiene sus raíces en Dios. ¡Dios permita que el poder de su amor nos cautive de nuevo! Nos conducirá a otros seres para compartir nuestra vida con ellos. Más todavía, nos llevará al reino divino. El amor es el secreto del reino venidero de Dios.

[5] Citado en Eberhard Arnold, *Love and Marriage in the Spirit* (Rifton, NY: Plough, 1965), pág. 102.

CAPÍTULO 3

LOS DOS SERÁN UNA SOLA CARNE

Por eso, deja el hombre a su padre y a su madre, y se une a su mujer, y se hacen una sola carne (Génesis 2.24).

El matrimonio es sagrado. En el Antiguo Testamento, los profetas lo utilizan para describir la relación de Dios con su pueblo de Israel: «Y te desposaré conmigo para siempre; te desposaré conmigo en justicia, juicio, benignidad y misericordia» (Oseas 2.19). Dios revela su amor hacia todas las personas de manera especial mediante el lazo singular entre marido y mujer.

EL MATRIMONIO SIGNIFICA MÁS QUE VIVIR JUNTOS Y FELICES

En el Nuevo Testamento, se utiliza el matrimonio como un símbolo de la unidad de Cristo con su Iglesia. En el Evangelio de San Juan, Jesús se compara a un novio, y en el Apocalipsis leemos que «han llegado las bodas del Cordero, y su esposa se ha preparado» (Apocalipsis 19.7-9).

Fue significativo que Jesús haya convertido el agua en vino durante una boda; está claro que un matrimonio fue motivo de gran gozo para Él. Sin embargo, es igualmente claro que, para Jesús, el matrimonio es verdaderamente sagrado. Lo toma tan en serio que habla con vehemencia indiscutible contra el paso más mínimo que conduzca a su destrucción. «Por tanto, lo que Dios juntó, no lo separe el hombre» (S. Mateo 19.6-9).

Esta misma vehemencia de Jesús demuestra que el adulterio es algo espantoso a los ojos de Dios. Toda la Biblia protesta en contra de este engaño de la fe, desde los libros de los Profetas, donde se le llama adulterio a la adoración de ídolos de parte de los hijos de Israel (cf. Jeremías 13.25-27), hasta el Apocalipsis, donde leemos sobre la ira de Dios en contra de la ramera. Cuando se rompe el lazo del matrimonio, el amor – la unidad de espíritu y alma entre dos seres – se quebranta y se destroza, y no sólo entre el adúltero y su cónyuge, sino entre él mismo y Dios.

En nuestra cultura de hoy, la institución del matrimonio está tambaleando al borde del desastre. Mucho de lo que se llama amor es en realidad nada más que un deseo egoísta. Aun en el matrimonio, muchas parejas viven juntas de manera egoísta. Las personas se engañan al pensar que se puede encontrar una verdadera satisfacción sin sacrificio ni fidelidad, y aun si sólo viven juntos, tienen miedo de amarse incondicionalmente.

Sin embargo, entre millones de matrimonios turbulentos y arruinados, el amor de Dios permanece eterno y pide a gritos la constancia y la dedicación. Hay una voz en lo más profundo de cada uno de nosotros, aunque silenciada, que nos llama de nuevo a la fidelidad. De alguna manera, todos nosotros anhelamos estar unidos – con corazones libres y abiertos – a «alguien»; de manera íntima a algún otro ser. Y si buscamos a Dios, confiando que es posible lograr tal unión con otra persona, podemos encontrar la realización de nuestro anhelo.

La verdadera realización propia se obtiene dando amor a otra persona. Sin embargo el amor no sólo intenta dar; también anhela unir. Si yo realmente amo a otra persona, me interesará saber qué hay en ella y estaré dispuesto a desprenderme de mi egoísmo. Con amor y humildad, le ayudaré a llegar a la posibilidad de un despertar completo, primero hacia Dios, y luego hacia los demás. El amor verdadero nunca es posesivo. Siempre lleva a la libertad de la fidelidad y a la pureza.

La fidelidad entre marido y mujer es un reflejo de la fidelidad eterna de Dios, porque Dios es el que cimienta todos los lazos verdaderos. En la fidelidad de Dios encontramos la fortaleza para permitir que el amor fluya a través de nuestra vida, y dejar que nuestros dones se desenvuelvan para el bien de los demás. Con el amor y la unidad de la Iglesia, es posible lograr una unidad de espíritu con cada hermano y hermana, y llegar a ser un solo corazón y una sola alma con ellos (cf. Hechos 4.32).

EL AMOR SEXUAL PUEDE DAR FORMA VISIBLE AL AMOR DE DIOS

Hay una diferencia entre el amor de una pareja comprometida o casada y el amor entre hermanos y hermanas. No hay ninguna otra situación en que una persona dependa tanto de otra como en el matrimonio. Hay un gozo especial en el corazón de una persona casada cuando el ser amado está cerca; y aun cuando se separan, existe un lazo singular entre ellos. Por medio de la relación íntima del matrimonio, sucede algo que incluso puede apreciarse en los rostros de la pareja. Según dice Friedrich von Gagern,[6] «A menudo es sólo por medio de su esposa que el esposo

[6] Friedrich E. F. von Gagern (1914-?), psiquíatra católico alemán.

llega a ser un verdadero hombre; y es por medio de su esposo que la mujer alcanza su verdadera feminidad».[7]

En un matrimonio verdadero, cada cónyuge busca la satisfacción del otro. Por la complementación mutua se realza la unión entre marido y mujer. En el amor del uno hacia el otro, a través de la fidelidad del uno con el otro, y en su fecundidad, el marido y la mujer reflejan la imagen de Dios de manera misteriosa y maravillosa.

Dentro del lazo singular del matrimonio, descubrimos el significado más profundo de ser una sola carne. Obviamente, ser una sola carne significa serlo física y sexualmente, pero ¡es mucho más que eso! Es un símbolo de dos personas unidas y fusionadas en corazón, cuerpo y alma, mediante una entrega mutua y una unión perfecta.

Cuando dos personas se vuelven una sola carne, en realidad ya no son dos, sino una. Su unión es el fruto de algo más que el compañerismo o la cooperación; es la intimidad más profunda. Según escribe Friedrich Nietzsche, esta intimidad se logra mediante «la determinación de dos personas de crear una unidad que resulte ser mayor que aquellos que la han creado. Es una reverencia del uno para el otro y para el cumplimiento de tal determinación».[8]

Sólo en el contexto de esta reverencia y unidad, logra el matrimonio satisfacer las demandas de la conciencia sexual. A través de la decisión de tener hijos, de ser fructíferos y multiplicarse, y a través del vínculo que refleja la unidad de Dios con su creación y su pueblo, el matrimonio da forma visible al amor desbordante de Dios.

[7] Friedrich E. F. von Gagern, *Der Mensch als Bild: Beiträge zur Anthropologie.* 2a ed. (Frankfurt am Main: Verlag Josef Knecht, 1955), pág. 32.

[8] Citado en Hans Meier, *Solange das Licht brennt* (Norfolk, CT: Hutterian Brethren, 1990), pág. 17.

CUANDO DIOS ESTÁ AL CENTRO DE UN MATRIMONIO, ES POSIBLE ALCANZAR UNA UNIDAD PLENA DE CORAZÓN, ALMA Y CUERPO

En el plan de Dios para el matrimonio, existen por lo menos tres diferentes niveles de experiencia. El primer nivel, el más maravilloso, es la unidad del espíritu: la unidad de corazón y alma en Dios. Dentro de esta unidad podemos llevar una vida de comunidad no sólo con nuestro cónyuge sino con todas las personas creyentes. El segundo nivel es la unidad de emoción: la corriente del amor de un corazón a otro. Esta unidad es tan fuerte que una persona puede, por decirlo así, escuchar el latido de la otra. El tercer nivel es la unidad física: la expresión de unidad que se encuentra sólo cuando se funden dos cuerpos en una unión perfecta.

Muchas parejas hoy se conforman sólo con el tercer nivel, o quizás el segundo. Un matrimonio que se basa sólo en lo físico o lo emocional está destinado a la desilusión; aunque las olas de la atracción emocional o física son naturales, pueden dejar heridas profundas si no son colocadas bajo el señorío de Cristo. Los matrimonios más sanos son los que están fundados de acuerdo al orden de Dios: en la unidad de espíritu, corazón y alma.

Actualmente, en su mayoría las personas, incluyendo a quienes nos decimos cristianos, no tenemos idea de cuánto ha preparado Dios para los que verdaderamente lo aman y lo honran. Las experiencias del corazón que Dios puede dar en el contexto de un compromiso o matrimonio verdadero son mayores que lo que nos podemos imaginar. Muchas personas viven sólo en el mundo de los sentidos – de dormir, comer y beber – y nunca se detienen a pensar realmente en lo que es lo más esencial: nuestra vida interior. Lo mismo sucede en muchos matrimonios de hoy. El sexo es el enfoque principal y a menudo ni siquiera se busca ni se menciona la unidad de corazón. No nos debe sorprender, entonces, que tan pocas parejas permanezcan fieles el uno al otro durante toda la vida.

Cualquier persona que ha vivido cerca del mar sabe algo del poder de la naturaleza en la atracción de las altas y bajas mareas. En el matrimonio, así como en la amistad, hay mareas altas y bajas. Cuando una relación está con la marea baja, es demasiado fácil para nosotros perder la paciencia, distanciarnos de nuestro cónyuge e incluso abandonar cualquier esfuerzo por renovar nuestro amor. Cuando Dios está en el centro de nuestra vida, podemos buscarlo a Él y encontrar la fe y la fortaleza aun cuando la marea esté baja.

Cuando más de acuerdo vivamos con la imagen de Dios en la cual somos creados, comprenderemos de manera más profunda que Dios tiene que seguir siendo el centro de nuestra vida y que sus mandamientos son idóneos para nosotros. Comprenderemos que sus mandamientos no se nos imponen como leyes y mandatos extraños. Más bien, veremos que van de acuerdo con nuestra verdadera naturaleza según fue creada a imagen del Señor. Sin embargo, cuanto más traicionamos y destruimos la imagen de Dios dentro de nosotros, cada vez más su mandato nos parecerá externo, como si fuera una compulsión moral que nos aplasta.

Ser fructíferos uno con otro, complementándose mutuamente en el amor y ser fructíferos uno con otro al tener hijos: éstos son los propósitos que convierten al matrimonio en un lazo bendito y sagrado y un gozo en el cielo. Aun así, en la historia de la creación, antes del mandato de

Dios de «ser fructíferos», viene una bendición: el regalo de una compañera para el primer hombre. Al darle al hombre este regalo, es como si Dios estuviera diciendo: «Mi imagen vive en ti.» Y cada vez que tratamos del matrimonio, debemos hacerlo con gran reverencia. Dentro de cada persona y de cada matrimonio existe la posibilidad de una expresión auténtica de la imagen de Dios.[9]

[9] *Der Mensch als Bild*, op. cit. pág. 33-34.

CAPÍTULO 4

EL PRIMERO DE TODOS LOS PECADOS

> Pero la serpiente era el más astuto de todos los animales del campo que Yahveh Dios había hecho; y dijo a la mujer: ¿Cómo es que Dios os ha dicho: No comáis de ninguno de los árboles del jardín?...Replicó la serpiente a la mujer: No moriréis. Es que Dios sabe que el día que comáis de él, se os abrirán los ojos, y seréis como dioses, conocedores del bien y del mal (Génesis 3.1,4-5).

Cuando Dios creó al mundo, vio que era bueno todo lo que había hecho. La tierra era verdaderamente su reino, y la vida era gobernada por el espíritu de paz. Todos los seres, incluyendo el hombre y la mujer, vivían juntos en unidad y armonía y se regocijaban el uno en el otro y en todo lo que Dios había hecho. Temblando de reverencia y admiración, Adán y Eva se encontraron delante del árbol de la vida en el Huerto del Edén, pero luego la serpiente engañó a Adán y a Eva. Inmediatamente, el mal entró en la creación de Dios y trató de destruirla completamente.

Eva fue tentada por la serpiente con una pregunta sencilla: «¿Será cierto que Dios te ha dicho eso?» y con una promesa sencilla: «¡Seguramente no vas a morir!» Es importante que entendamos lo que significa esto. Satanás, el seductor, tentó a Eva con las palabras de Dios, así como tentó a Jesús posteriormente con las palabras de Dios.

LA SOBERBIA NOS SEPARA DE DIOS Y LOS UNOS DE LOS OTROS

¿Qué otra cosa fue, si no idolatría, cuando Eva miró el árbol y codició su fruto, queriendo ser ella como Dios? ¿No estaba probando a Dios para ver si realmente cumpliría su palabra? La serpiente puso la duda en su corazón y Eva la escuchó con gran curiosidad. Eso en sí representaba una traición a Dios, y nos ayuda a comprender cómo actúa todavía Satanás en nuestros tiempos.

Satanás todavía quiere separarnos de Dios, de nuestros hermanos y hermanas, y de nuestro prójimo. Y si no tenemos cuidado, lo puede hacer simplemente mediante una pregunta que parece inocente, la cual siembra una semilla de desconfianza y división en nuestros corazones. Satanás se disfraza de ángel de luz (cf. 2 Corintios 11.14), pero en realidad él es el calumniador, el que tergiversa la verdad, el padre de mentiras, homicida desde un principio; él trata de sembrar el desorden, la confusión y la duda en medio nuestro y a menudo logra su propósito.

En el Evangelio de San Mateo leemos que poco después del bautismo de Jesús, cuando Él se retiró al desierto, Satanás trató de tentarlo. Sabiendo que Jesús estaba físicamente débil a causa de haber ayunado durante cuarenta días, Satanás se le acercó con cara de compasión y le mostró una reverencia falsa, sugiriendo que todos los reinos del mundo deberían pertenecerle a nuestro Señor.

Sin embargo, ya en esa primera tentación, Jesús reconoció a Satanás como el tentador y el que tergiversa la verdad.

Jesús confió en Dios incondicionalmente y no aceptó escuchar a Satanás ni por un momento, sino que más bien escogió el camino de la fe, obediencia y dependencia en Dios. Satanás ni siquiera pudo acercarse a su corazón.

No fue simplemente el fruto prohibido lo que atrajo a Adán y a Eva, sino la soberbia y el deseo egoísta de ser como Dios. Como ellos carecían de fe, obediencia y dependencia, se separaron de Dios. Al final, porque ya no lo honraban, se convirtieron en sus propios ídolos el uno del otro.

La maldición más grande de nuestro destino humano es el intento de ser como Dios. Bonhoeffer dice: «Al seguir las tentaciones de Satanás de ser como Dios y al mismo tiempo ser independiente de Él, el hombre se ha convertido en un dios en contra de Dios».[10] El resultado es una enfermedad profunda del espíritu humano. La imagen de Dios es ahora una imagen robada que, torcida por la idolatría y rebelión en contra de Él, trae gran oscuridad y aflicción (cf. Romanos 1.23-32).

EL AMOR FALSO IMPIDE EL GOZO DE DAR SIN RESERVAS

Tanto Adán como Eva pecaron en contra del amor. Fueron engañados por un amor falso. ¡Cuántas cosas suceden hoy que se denominan amor pero que en realidad son más bien destrucción y asesinan al alma!

> El amor verdadero desea que la persona de Dios brille a través del ser amado: Dios sigue siendo el valor por medio del cual se mide el amor y la meta final de los esfuerzos del amor. Sin embargo, el hombre, con un amor falso hacia su amada, le da la espalda al mayor de los bienes y así impide que Dios brille a través de la amada.[11]

---

[10] Dietrich Bonhoeffer, *Ethics* (New York: Macmillan, 1975), pág. 19.

[11] *Der Mensch als Bild*, op. cit. pág. 58.

Todo esto debe representar una advertencia seria para nosotros, tanto si estamos casados como si esperamos casarnos. Sólo Dios debe ser el primero en nuestras vidas, no nuestro cónyuge ni nuestros hijos. De otra manera perderemos la relación con Dios y el uno con el otro. Como Adán, ya no veremos el rostro de Dios y no podremos amarlo; sólo veremos el de nuestro cónyuge. Nuestro amor se convertirá en un amor falso. Abrirá la puerta a muchos males, sobre todo en el aspecto sexual, y nos llevará a la insensibilidad y soledad interna.

Adán y Eva perdieron su inocencia porque perdieron su unidad con Dios. Y en medio del vacío terrible que resultó, el hombre culpó a la mujer y buscó dominarla, mientras que la mujer, resentida con el hombre, culpó a Satanás. Se destruyó toda unidad, el hombre y la mujer se convirtieron en rivales, y ya no eran uno (cf. Génesis 3.7-19).

Si nuestro matrimonio se separa de Dios, la rivalidad pronto cobra fuerza y el egoísmo nos gobierna. Al competir con nuestro cónyuge para ser el que manda, intentamos crear nuestro pequeño propio paraíso conforme a nuestras propias condiciones, y pronto caemos en un vacío y un descontento profundo. Nuestro lazo interno se destruye, y sólo nos mantenemos unidos por un amor puramente emocional. Nos culpamos el uno al otro constantemente y buscamos nuestra propia ventaja e independencia. Desaparece el gozo de dar sin reservas, y sólo queda la maldición de la indiferencia.

El enemigo de la vida en Dios es una voluntad independiente y codiciosa. Según escribe mi abuelo Eberhard Arnold,[12] esta voluntad es «el espíritu comercial de mamón, el espíritu legal de relaciones basadas en la propiedad, la separación del deseo sexual del alma y de la unidad y co-

[12] Eberhard Arnold (1883-1935); escritor y teólogo alemán, cofundador, con su esposa Emmy Arnold, del Bruderhof.

munidad de espíritu...Todo esto es la muerte; ya no tiene ninguna relación con la vida».[13]

Cualquier cosa que se opone a la vida y al amor es mala, y como cristianos nunca debemos subestimar el poder del mal. El pecado siempre lleva a la separación, y la paga del pecado siempre es la muerte (cf. Romanos 6.23). La soberbia pecaminosa da su fruto amargo en el alejamiento y la separación tanto de Dios como de nuestro ser verdadero, de los demás, y de la tierra. Satanás y el pecado destruyen las relaciones personales más fundamentales que tenemos.

Desde la antigüedad, los cristianos se han imaginado a Satanás como una criatura con cuernos y pezuñas. Ese concepto no tiene ninguna base en la Biblia. Satanás y sus demonios rodean la tierra como una fuerza de maldad, como un ambiente (cf. Efesios 2.1-2; 6.12). Su único propósito es de cegar a los seres humanos mediante el interés propio y el egoísmo: «Seréis como dioses.» Y en vez de seguir el camino de la obediencia sencilla, permitimos que nos tienten.

COMO ADÁN Y EVA, TODOS ESTAMOS DIVIDIDOS Y ENAJENADOS POR NUESTRO PECADO

El primer pecado de Adán y Eva simboliza la caída de cada uno de nosotros. No podemos ignorar el hecho de que la imagen original de Dios en nosotros ha sido terriblemente distorsionada. En vez de estar contentos con reflejar la imagen de Dios, buscamos ser iguales a Dios. Hemos convertido nuestras cualidades más nobles en algo que va en contra de la voluntad de Dios. En nuestra libertad «mundana», ya ni siquiera nos interesa Dios ni su imagen original.

---

[13] *Love and Marriage in the Spirit,* op. cit. pág. 152.

Estamos separados de Él y conmovidos sólo por los sucesos del mundo. Estamos en conflicto con nosotros mismos y atrapados por la culpa de nuestra propia separación.

Separados de Dios de esta manera, nos colocamos al centro del universo y tratamos de encontrar la paz en el placer y el materialismo. Sin embargo, estos ídolos sólo nos dejan perturbados con ansiedad y angustia. Luego se suscita la primera pregunta desconfiada: «¿Por qué?» y la segunda: «¿De verdad está Dios allí?» Comenzamos a dudar de la guía del Espíritu y preguntamos: «¿Por qué la vida es tan difícil para mí? ¿Por qué me sucede a mí?»

Tales preguntas van minando nuestra fe y cuando las hacemos, nunca estamos lejos de pecar. La fe cabal se toma de la mano que ofrece Dios y sigue el camino por donde Él nos guía. Aun si el camino nos lleva por la oscuridad y el sufrimiento, a través de lugares difíciles, sobre rocas y desiertos, la fe nos ayudará a seguir dicho camino. Si tomamos la mano de Dios, nada nos puede suceder. Sin embargo, en cuanto soltamos la mano de Dios y dudamos de Él, comenzamos a desesperarnos. El desafío siempre es el mismo: apoyarnos completamente en Dios.

Jesús tuvo que padecer todos los sufrimientos humanos; no se escapó de nada – ni hambre, ni sed, ni soledad, ni tormento. Sin embargo, no intentó escaparse de su miseria. Él está cerca de nosotros, y siempre está listo para ayudarnos, para darnos la fuerza para vencer (cf. Hebreos 2.14-18). Aun las tentaciones más satánicas, las horas más terribles de oscuridad, se pueden vencer con estas palabras de Jesús: «Al Señor tu Dios adorarás, y a Él sólo servirás» (S. Mateo 4.10). Éste es el secreto. De esta manera Satanás pierde todo su poder sobre nosotros y el pecado original pierde sus ataduras.

CAPÍTULO 5

RESTAURANDO LA IMAGEN DE DIOS

Porque el Señor es el Espíritu; y donde está el Espíritu del Señor, allí está la libertad. Mas todos nosotros, que con el rostro descubierto reflejamos como en un espejo la gloria del Señor, nos vamos transformando en esta misma imagen cada vez más gloriosa; es así como actúa el Señor que es Espíritu. De modo que el que está en Cristo es una nueva creación; pasó lo viejo, todo es nuevo (2 Corintios 3.17-18; 5.17).

Nuestra relación con Dios es más fuerte que cualquier relación humana. Todas las demás relaciones personales son simplemente semejanzas o parábolas representativas de ella. Antes que nada, somos imágenes de Dios y debemos guardar una reverencia constante ante ese hecho.

La mayor esperanza para todo el que busca, y para todas las relaciones o matrimonios, es reconocer que aunque hemos perdido esa imagen y nos hemos descarriado de Dios, todavía nos queda un reflejo pálido. A pesar de nuestra corrupción, Dios no quiere que perdamos nuestro destino como criaturas hechas a su imagen. Por eso mandó a su hijo Jesús, el segundo Adán, para que irrumpiese en nuestros corazones (cf. Romanos 5.17-19). Por medio de

Jesús se puede restaurar la imagen de Dios en todos los hombres y todas las mujeres y en todas las relaciones humanas.

JESÚS ABRIÓ EL CAMINO HACIA DIOS Y HACIA LOS DEMÁS

Jesús es el reconciliador de Dios: ha venido a reconciliarnos con Dios y con los demás y vencer la discordia interna en nuestras vidas (cf. Efesios 2.11-19). Cuando nos sentimos desanimados o deprimidos, entonces debemos buscarlo más que nunca. Todo el que busca encontrará a Dios. Ésta es una promesa. Jeremías dice: «Y me buscaréis y me hallaréis, porque me buscaréis de todo vuestro corazón» (Jeremías 29.13). Y están las palabras maravillosas de los Evangelios: «Porque todo aquel que busca, halla; y al que llama, se le abrirá» (S. Lucas 11.10). Estas palabras son verdaderas hoy, y si las tomamos en serio, Dios estará vivo en nuestro corazón.

El camino a Dios está abierto para todos. No está excluido ningún ser humano de poder recibir este regalo, porque Jesús vino como ser humano. Dios lo mandó para restaurar su imagen en nosotros. Por medio de Jesús tenemos acceso al Padre. Sin embargo, sólo puede suceder esto cuando la experiencia de Pentecostés – la experiencia de arrepentimiento, conversión y fe personal – se convierte en una realidad ardiente para nosotros.

El milagro de Pentecostés, en el cual descendió el Espíritu a la tierra con poder y amor, puede suceder en cualquier parte del mundo y en cualquier momento. Puede suceder dondequiera que las personas clamen: «Hermanos, hermanas, ¿qué haremos?» y dondequiera que estén listas para escuchar la respuesta de San Pedro de antaño: «Arrepentíos, y bautícese cada uno de vosotros en el nombre de Jesucristo para el perdón de los pecados... Sed salvos de esta perversa generación» (Hechos 2.37-40).

LA LIBERTAD VIENE POR MEDIO DE LA ENTREGA, NO POR EL ESFUERZO HUMANO

Podemos encontrar el perdón y la salvación únicamente en la cruz. En la cruz sufrimos la muerte. Esta muerte nos libera de todo lo que ha impedido el compañerismo con Dios y con los demás y renueva nuestra relación con ellos. Al renunciar al pecado y la maldad que nos han esclavizado, encontramos la libertad en Jesús. Nunca podremos redimirnos nosotros mismos ni superarnos con nuestros propios esfuerzos. Al fin de cuentas, todo lo que podemos hacer es entregarnos completamente a Jesús y a su amor, para que nuestras vidas ya no nos pertenezcan sino que sean de Él.

Mi padre, J. Heinrich Arnold, escribe:

> Si queremos ser sanados de las heridas causadas por los trucos y las flechas de Satanás... debemos tener la misma fe absoluta en Jesús que Él tenía en Dios. Por último, todo lo que tenemos es nuestro pecado. Sin embargo, debemos entregarlo delante de Él con fe. Luego Él nos dará perdón, limpieza y paz en nuestro corazón; y éstos llevan a una vida de amor que no se puede describir.[14]

¿Qué significa «entregar nuestro pecado delante de Él con fe?» La libertad y posibilidad de reconciliación comienzan cuando confesamos las acusaciones de nuestra conciencia. El pecado vive en la oscuridad y desea quedarse allí. Sin embargo, cuando traemos a la luz nuestra conciencia abrumada – cuando nombramos nuestros pecados sin reserva – nuestro pecado perderá su poder sobre nosotros y pode-

---

[14] J. Heinrich Arnold, *Discipleship* (Farmington, PA: Plough, 1994), pág. 42.

mos ser limpiados y liberados. Finalmente, tendremos que comparecer ante Dios. No podemos huir ni escondernos del Señor, como trataron de hacerlo Adán y Eva cuando lo desobedecieron. Si estamos dispuestos a comparecer ante Él, a la luz de su Hijo, Él consumirá nuestra culpa con fuego.

Así como Dios dio paz y gozo al primer hombre y a la primera mujer en el Huerto del Edén, le da a cada creyente la tarea de trabajar para lograr el nuevo orden de su reino de paz. Para cumplir esta tarea, debemos aceptar con gozo el reino de Dios en nuestra vida y estar dispuestos a seguir todo el camino de Jesús, comenzando en el establo de Belén y terminando en la cruz de Gólgata. Es un camino muy humilde y modesto, pero es el único sendero que lleva a la luz y esperanza completa.

Sólo Jesús puede perdonar y borrar nuestros pecados, porque sólo Él está libre de toda mancha. Él puede traer convicción a nuestras conciencias y librarlas de la impureza, la amargura y la discordia (cf. Hebreos 9.14). Si aceptamos el remordimiento de nuestra conciencia, si abrazamos el juicio y la misericordia de Dios, no importa qué tan pecadores y corruptos hayamos sido. En Cristo, la conciencia que antes era nuestro enemigo ahora se convierte en nuestro mejor amigo.

EL PERDÓN TIENE EL PODER DE TRANSFORMAR NUESTRA VIDA

El perdón de los pecados que ofrece Jesús es tan poderoso que cambiará por completo la vida de una persona. Todo lo que nos hace temerosos o nos aísla, todo lo impuro y engañoso, cederá si nos entregamos a Él. Lo alto se aminorará, y lo bajo se ensalzará. Este cambio comenzará en lo más profundo de nuestro corazón, y luego transformará tanto nuestra vida interior como exterior, incluyendo todas nuestras relaciones personales.

Si una persona ha vivido esta transformación o no, se manifiesta más claramente en el modo como se enfrenta a la muerte. Cualquier persona que ha estado al lado de un moribundo sabe cuán absolutos, cuán definitivos en su significado, son la relación interna y el lazo original del hombre con Dios. Sabe que al final, a la hora del último latido, este lazo es lo único que vale.

Durante toda la vida, todas las personas tienen la tarea de prepararse para encontrarse con Dios. Jesús nos dice cómo hacerlo cuando dice: «En cuanto lo hicisteis a uno de estos mis hermanos más pequeños, a mí lo hicisteis.» También dice: «Bienaventurados los pobres de espíritu, porque de ellos es el reino de Dios.» Yo he observado personalmente que, a la hora de la muerte, si una persona ha vivido para los otros, como lo hizo Jesús, entonces Dios estará muy cerca de esa persona al final de la vida. También he observado, a la hora de la muerte, el tormento de los que han vivido de manera egoísta y pecaminosa.

Todos nosotros, tanto casados como solteros, debemos comprender más profundamente las palabras eternas y sanadoras de Jesús: «He aquí, yo estoy con vosotros todos los días, hasta el fin del mundo» (S. Mateo 28.20). En Jesús hay vida, amor y luz. En Jesús nuestra vida y nuestras relaciones personales se pueden purificar de todo lo que nos oprime y se opone al amor.

CAPÍTULO 6

LA SEXUALIDAD Y EL ASPECTO SENSORIAL[15]

Porque todo lo que Dios creó es bueno, y nada es de desecharse, si se toma con acción de gracias; porque es santificado por la Palabra de Dios y la oración (1 Timoteo 4.4-5).

La Biblia habla del corazón como el centro de la vida interna del ser humano. Con el corazón tomamos decisiones y establecemos el enfoque que determina cuál es el espíritu que vamos a seguir (cf. Jeremías 17.10). Sin embargo, Dios también nos ha creado como seres sensoriales. Todo lo que percibimos con nuestros sentidos pertenece a lo sensible, incluyendo la atracción sexual. El aroma de una flor, el calor del sol, o la primera sonrisa de un bebé nos causan gozo. Nuestros sentidos son un gran regalo de Dios, y si los usamos para alabarlo y honrarlo, nos pueden traer gran felicidad.

Sin embargo, así como el área de la experiencia sensorial nos puede acercar a Dios, también puede descarriarnos y sumergirnos en tinieblas satánicas. A menudo nos inclinamos hacia lo superficial y dejamos de recibir la fuerza y poder de lo que Dios nos podría dar si no fuéramos

[15] Para los capítulos 6 y 7, el autor desea expresar su gratitud por el pensamiento del filósofo católico Dietrich von Hildebrand (1889-1977), sobre todo en su libro *Purity: The Mystery of Christian Sexuality.*

así. A menudo, al aferrarnos a lo que experimentamos con los sentidos, nos olvidamos de Dios y perdemos la posibilidad de experimentar su voluntad en toda su profundidad.

EL GOZO DURADERO NO SE ENCUENTRA EN NUESTROS SENTIDOS, SINO EN DIOS

El rechazar los sentidos vivientes equivale a rechazar a Dios y la obra de sus manos (cf. 1 Timoteo 4.1-3). El Espíritu no desea que rechacemos el cuerpo ni sus poderes emocionales. Sin embargo, no debemos olvidar que Satanás busca socavar todas las cosas buenas; él tergiversa la verdad y siempre está esperando engañarnos, sobre todo en este aspecto.

Es cierto que el alma está atraída a Dios por medio del espíritu, pero siempre está atada a lo físico por medio del cuerpo. Lo físico *no es* un verdadero enemigo del espíritu, y nunca se debe despreciar. El verdadero enemigo es Satanás, que constantemente intenta atacar al alma humana y separarla de Dios. La voluntad de Dios es que cada parte de la vida – cuerpo, alma y espíritu – llegue a quedar bajo el dominio de Él, para su servicio (cf. 1 Corintios 10.31).

En sí, no hay nada malo en la esfera de los sentidos. Al fin y al cabo, en cierta forma todo lo que hacemos, ya estemos despiertos o dormidos, es una experiencia sensorial. Sin embargo, ya que no somos simples animales, porque fuimos creados a la imagen de Dios, se espera mucho más de nosotros.

Cuando dos personas se enamoran, el gozo que sienten al principio está al nivel sensorial: se miran a los ojos, se escuchan hablar, se deleitan en tocar uno la mano del otro, o aun en sentir el calor de la cercanía del otro. Por supuesto, la experiencia es mucho más profunda que el ver, escuchar o tocar, pero siempre comienza como una experiencia sensorial.

Sin embargo, el amor humano nunca puede permanecer en este nivel; tiene que ser mucho más profundo. Cuando lo sensorial se convierte en un fin en sí mismo, todo parece transitorio y temporal, y sentimos la necesidad de buscar nuestra satisfacción en experiencias cada vez de mayor intensidad (cf. Efesios 4.17-19). Al gastar nuestras energías en la intoxicación de los sentidos, pronto agotamos y arruinamos nuestra capacidad de recibir la fuerza esencial de la vida. Y también perdemos la capacidad de tener cualquier experiencia profunda e interna.

A menos que nos entreguemos (incluso nuestros sentidos) en reverencia a Dios, seremos incapaces de experimentar plenamente las cosas de este mundo. En Dios podemos experimentar lo eterno dentro de lo sensorial. En Él podemos satisfacer los anhelos más profundos del corazón, de lo que es auténtico y duradero.

CUANDO SE ESTÁ ENTREGADO A DIOS, NUESTRA SEXUALIDAD ES UN REGALO

Como un regalo de Dios, la sensualidad es un misterio; sin Dios, se pierde su misterio y queda profanada. Esto es especialmente cierto cuando se trata de todo el aspecto sexual. La vida sexual contiene una intimidad profunda que es muy singular en sí, que cada uno de nosotros esconde instintivamente de los demás. El sexo es el secreto de cada persona, algo que afecta y expresa su ser más profundo. Cada revelación en este aspecto abre la puerta a algo íntimo y personal, y permite que otra persona descubra su secreto. Por eso el aspecto sexual – aunque es uno de los regalos más grandes de Dios – también genera vergüenza. Nos avergonzamos de revelar nuestro secreto delante de otras personas. Hay una razón: así como Adán y Eva se avergonzaron de su desnudez delante de Dios porque sabían que habían pecado, todos nosotros sabemos que somos pecadores por naturaleza. Este reconocimiento no es una enfermedad mental, según dicen los psicólogos modernos. Es la respuesta instintiva para proteger lo que es santo y dado por Dios, y debe llevar a cada persona al arrepentimiento.

La unión sexual está destinada a ser la expresión y realización de un lazo de amor duradero e irrompible. Representa la entrega suprema a otro ser humano porque incluye la revelación mutua del secreto más íntimo de cada uno. Por lo tanto, es una profanación participar en la actividad sexual de cualquier índole sin estar unidos por el lazo del matrimonio. La costumbre común de la «experimentación» sexual premarital, aun con una persona con quien uno se piensa casar, no es menos terrible y puede hacer gran daño a un matrimonio futuro. El velo de intimidad entre un hombre y una mujer no se debe levantar sin la bendición de Dios y la Iglesia en el matrimonio (cf. Hebreos 13.4).

Aun dentro del matrimonio, todo el aspecto de la intimidad sexual debe colocarse bajo el dominio de Cristo para poder dar buen fruto. El contraste entre un matrimonio en el cual Cristo es el centro, y uno en donde la carne es el enfoque principal, lo describe mejor el Apóstol Pablo en su carta a los Gálatas:

> Las obras de la carne son conocidas: adulterio, fornicación, inmundicia, lascivia, idolatría, hechicerías, enemistades, pleitos, celos, iras, contiendas, disensiones, herejías, envidias, homicidios, borracheras, orgías, y cosas semejantes a éstas; acerca de las cuales os amonesto, como ya

> os lo he dicho antes, que los que practican tales cosas no heredarán el reino de Dios. Mas el fruto del Espíritu es amor, gozo, paz, paciencia, benignidad, bondad, fe, mansedumbre, templanza; contra tales cosas no hay ley. Pero los que son de Cristo han crucificado la carne con sus pasiones y sus apetencias (Gálatas 5.19-24).

Las personas que consideran la lujuria sexual de la misma manera en que consideran la gula no entienden el significado de la esfera sexual. Cuando cedemos ante las tentaciones de la lujuria o la impureza sexual, nos contaminamos de manera diferente a lo que sucede con la gula, aun cuando ésta sea condenada también por San Pablo. La lujuria y la impureza nos hieren en lo más profundo de nuestro corazón y de nuestro ser. Estos pecados atacan la parte más íntima del alma. Cuando caemos en la impureza sexual, nos convertimos en víctimas de la maldad demoníaca y se corrompe todo nuestro ser. Entonces sólo podemos ser liberados a través de un arrepentimiento profundo y verdadera conversión de corazón.

LO CONTRARIO DE LA IMPUREZA NO ES EL LEGALISMO

Lo contrario de la impureza sexual y la sensualidad, sin embargo, no es la mojigatería, el moralismo, ni la falsa piedad. Jesús nos hace advertencias muy serias en este aspecto (cf. S. Mateo 23.25-28). En todo lo que experimentamos con nuestros sentidos, nuestro gozo debe ser auténtico y libre. Pascal dice: «Las pasiones son más vivas en los que desean renunciarlas.» Cuando se reprime la sensualidad por medio de una compulsión moral en vez de una disciplina interna, sólo se encontrarán nuevas salidas de mentiras y perversidad (cf. Colosenses 2.21-23).

En nuestros tiempos corruptos que carecen de vergüenza, resulta cada más vez difícil criar a los hijos con una sensación profunda de reverencia hacia Dios y hacia todo lo que Él ha creado. Esto nos obliga todavía más a empeñarnos en criar a nuestros hijos de tal manera que, se casen o no cuando sean adultos, lleguen a ser hombres y mujeres comprometidos a una vida de pureza.

Debemos tener cuidado de que nuestros hijos no hablen irreverentemente acerca de asuntos sexuales. Sin embargo, al mismo tiempo no podemos evitar el tema. Más bien, hay que guiar a nuestros hijos para que tengan un espíritu de reverencia. Debemos enseñarles a comprender el significado y la santidad del sexo en el plan de Dios, y enfatizar la importancia de mantener el cuerpo puro y sin contaminación para el propósito singular del matrimonio. Deben aprender a creer, como lo hacemos nosotros, que el sexo encuentra su mayor realización, y por lo tanto proporciona el mayor placer, sólo dentro del marco de un matrimonio puro y santo.

Dios se goza cuando una pareja joven experimenta la unión completa: primero en espíritu, luego de corazón a corazón y de alma a alma, y luego en el cuerpo. Dios se goza cuando un hombre y una mujer levantan el velo del sexo, en reverencia delante de Él, en relación con Él, y en la unidad dada por Él. Cada pareja debe buscar esta reverencia, porque «los puros de corazón verán a Dios».

CAPÍTULO 7

LOS PUROS DE CORAZÓN

Bienaventurados los de limpio corazón, porque ellos verán a Dios... Puesto que tenemos tales promesas, purifiquémonos de toda mancha de la carne y del espíritu, consumando la santificación en el temor de Dios (S. Mateo 5.8, y 2 Corintios 7.1).

Søren Kierkegsaard dice que la pureza de corazón significa desear una sola cosa. Aquella sola cosa es Dios y su voluntad. Separados de Dios, nuestros corazones se quedan desesperadamente divididos. ¿Qué es la impureza, entonces? La impureza es la separación de Dios. En el aspecto sexual significa el mal uso del sexo, que ocurre cuando el sexo se utiliza de cualquier manera que sea prohibida por Dios.

La impureza nunca nos contamina desde afuera. Tampoco se puede limpiar por fuera cuando uno quiera. Originándose en nuestra imaginación, brota desde nuestro interior como una herida infectada (cf. S. Mateo 15.16-20). Un espíritu impuro nunca se siente satisfecho ni completo: siempre desea robar algo para sí mismo, y después codicia aun más. La impureza mancha el alma, corrompe la conciencia, destruye la coherencia de la vida y por fin lleva a la muerte espiritual.

UN CORAZÓN IMPURO NUNCA QUEDA SATISFECHO NI LIBRE

Cuando permitimos que nuestra alma sea tocada por la impureza, la exponemos a una fuerza demoníaca que tiene el poder de controlar todos los aspectos de nuestra vida, no sólo el aspecto sexual. La impureza puede tomar la forma de una pasión idólatra por los deportes profesionales; puede ser el deseo ambicioso del prestigio o del poder sobre la vida de otras personas. Si somos dominados por cualquier deseo que no sea Cristo, estamos viviendo en la impureza.

La impureza en el aspecto sexual consiste en usar a otra persona solamente para satisfacer el deseo. Existe en dondequiera que las personas deciden experimentar la intimidad sexual sin ninguna intención de formar un lazo duradero.

La forma más absoluta de la impureza ocurre cuando una persona tiene relaciones sexuales (o comete cualquier otro acto sexual) a cambio de dinero. Una persona que hace esto «es un cuerpo con la ramera», según dice el Apóstol Pablo, porque está usando el cuerpo de otro ser humano simplemente como una cosa, un medio de satisfacción propia. Al hacer esto, comete un crimen en contra de la persona, pero también en contra de sí mismo. «El que se va con la ramera se convierte en el asesino de su propia vida» (1 Corintios 6.15-20). Aun en el matrimonio, el sexo por sí solo es el sexo separado de Dios. Según escribe von Hildebrand, posee una dulzura venenosa que paraliza y destruye.

Sería un gran error, sin embargo, suponer que lo opuesto de la impureza es la ausencia de sensaciones sexuales. De hecho, la falta de una sensibilidad sexual no representa necesariamente ni siquiera tierra fértil para la pureza. Una persona que carece de sensibilidad en el aspecto sexual es en realidad una persona incompleta: le falta algo no sólo en su disposición natural, sino en lo que da color a todo su ser.

Las personas que buscan la pureza no desprecian el sexo. Simplemente están libres del temor mojigato y de expresiones hipócritas de disgusto. Sin embargo, nunca pierden su reverencia por el misterio del sexo, y se mantendrán a una distancia respetuosa de él hasta que sean llamados por Dios a pisar ese terreno por medio del matrimonio.

Dios desea dar una armonía interna y claridad decisiva a cada corazón. En esto consiste la pureza (cf. Santiago 4.8). Según escribe Eberhard Arnold:

> Si el corazón de una persona no es claro y sin vacilación – «sencillo», como lo dijo Jesús – entonces será débil, flojo y perezoso, incapaz de aceptar la voluntad de Dios, de tomar decisiones importantes y de actuar con firmeza. Por eso Jesús atribuyó gran significado a la sencillez de corazón, la simplicidad, unidad, solidaridad, y decisión. La pureza de corazón no es más que la integridad absoluta, que puede vencer los deseos que debilitan y dividen. Una sencillez con determinación y sin duplicidad es lo que necesita el corazón para ser receptivo, verdadero y justo, confiado y valiente, firme y fuerte.[16]

EL SECRETO DE LA PUREZA ES LA HUMILDAD

En las bienaventuranzas, Jesús bendice a los puros y mansos; dice que ellos heredarán la tierra y verán a Dios. La pureza y la mansedumbre van de la mano, porque las dos surgen de una entrega completa a Dios. En realidad, dependen de ella. Sin embargo, la pureza y la mansedumbre

[16] Eberhard Arnold, *Inner Land* (Farmington, PA: Plough, 1999), pág. 37.

no son innatas: hay que luchar constantemente para alcanzarlas. Y son de las cosas más maravillosas que puede intentar lograr un cristiano.

La lucha contra la impureza sexual no es sólo un problema de los jóvenes. Para muchas personas, la lucha no disminuye conforme van avanzando y madurando, sino que sigue siendo un problema serio toda la vida. Sin embargo, podemos animarnos: no importa con qué frecuencia ni con qué fuerza seamos tentados, Jesús, el Abogado, le rogará a Dios de parte nuestra si se lo pedimos. En Él tendremos la victoria sobre todas las tentaciones (cf. 1 Corintios 10.13).

Sin embargo, sólo los humildes pueden experimentar la bondad infinita de Dios. Los soberbios nunca lo pueden hacer. La persona soberbia abre su corazón a toda clase de maldades: cometer impurezas, mentir, robar y tener el espíritu de homicidio. Cuando existe uno de estos pecados, los demás seguirán muy de cerca. Una persona que tiene confianza en sí misma y busca la pureza solamente por sus propios esfuerzos siempre tropezará. Una persona humilde, al contrario, vive por la fuerza de Dios. Puede caer, pero Dios siempre la levantará.

Por supuesto, no sólo nuestras luchas sino también todos los actos de nuestra vida deben ser colocados bajo el señorío de Jesús. Nuestro Señor vence los deseos que nos desgarran y disipan nuestra fuerza. Mientras más firmemente se apodere su Espíritu de nosotros, más nos acercaremos al encuentro de nuestro verdadero carácter y verdadera integridad.

¿QUIÉNES SON LOS PUROS DE CORAZÓN?

Bonhoeffer escribe: «¿Quiénes son los puros de corazón? Sólo los que han entregado su corazón completamente a Jesús, para que sólo Él permanezca en ellos; sólo las personas cuyo corazón esté libre de la contaminación de su propia maldad – y de su propia virtud.»[17]

En el Sermón del Monte, podemos ver con qué seriedad toma Jesús la lucha diaria por la pureza. Dice que si vemos a otra persona con una mirada de codicia, ya hemos cometido el adulterio en nuestro corazón (cf. S. Mateo 5.27-30). El hecho de que Jesús habla de los pensamientos lujuriosos – más aún de las acciones lujuriosas – debe convencernos de la gran importancia que tiene una actitud decisiva de corazón en medio de esta lucha.

Una persona pura puede discernir tanto lo bueno como lo malo en el aspecto sexual. Se da cuenta de sus cualidades intrínsecas y está totalmente consciente de la bondad y belleza de este regalo de Dios. Sin embargo, también está sumamente consciente de que aun el mal uso más mínimo de este regalo abre la puerta a los malos espíritus, y sabe que no puede librarse de ellos por sus propias fuerzas. Por eso las mujeres y los hombres puros evitan todas las situaciones que contaminan el alma y aborrecen la idea de llevar a otros al pecado.

Es sumamente importante que en nuestra lucha por la pureza rechacemos *todo* lo que pertenece al campo de la impureza sexual, incluyendo la avaricia, la vanidad y todas las demás formas de indulgencia propia. Nuestra actitud no puede ser de una fascinación «parcial» con la lujuria – sino sólo de un rechazo total. Si nuestro corazón es puro, reaccionaremos instintivamente contra cualquier cosa que amenazca con empañar esta actitud.

---

[17] Dietrich Bonhoeffer, *The Cost of Discipleship* (New York: Macmillan, 1958), pág. 95-96.

Aquí la comunidad de la iglesia tiene una gran responsabilidad: luchar diariamente por un ambiente de pureza entre todos sus miembros (cf. Efesios 5.3-4). La lucha por la pureza debe ir de la mano con la lucha por la justicia y la vida en comunidad, porque no existe ninguna pureza verdadera de corazón sin un deseo por la justicia (cf. Santiago 1.26-27). La pureza no sólo se relaciona con el aspecto sexual: una persona contamina su corazón si sabe que su vecino tiene hambre y a pesar de ello se acuesta a dormir sin haberle dado de comer. Por eso los primeros cristianos compartieron todo lo que tenían: sus alimentos y bebidas, sus bienes, su fuerza, aun sus actividades intelectuales y creativas – y todo se lo entregaron a Dios. Como eran de un mismo sentir y alma y compartían todo en común, pudieron ganar la victoria sobre todas las cosas como un solo cuerpo.

EL MATRIMONIO NO ES NINGUNA GARANTÍA DE PUREZA

Es una ilusión pensar que la lucha por la pureza se acaba en cuanto una persona se casa. El matrimonio hasta se puede convertir en una trampa. Muchos jóvenes piensan que todos sus problemas se resolverán en el momento en que se casen, pero la realidad es que muchos problemas sólo comienzan en ese mismo instante.

Es cierto que la unión entre marido y mujer es un don muy grande. Produce un efecto redentor, sobre todo en el sentido de suavizar el ego de una persona. Sin embargo, el efecto redentor del matrimonio nunca puede estar completo en sí mismo. Nadie puede resolver jamás la necesidad de la conciencia agobiada de su cónyuge. Sólo se puede encontrar la redención completa en Jesús.

Un certificado de matrimonio no es ninguna garantía de pureza. Cuando falta una relación verdadera con Dios, el sexo rápidamente pierde su verdadera profundidad y dignidad y se convierte en un fin en sí mismo. Aun en el matrimonio, la superficialidad en el aspecto sexual significa la ruina porque desbarata el misterio del lazo entre un hombre y una mujer.

No hay nada que revele la necesidad de la sanción especial de Dios más claramente que el matrimonio. Por lo tanto, cada vez que se unen un hombre y una mujer, deben tener la misma actitud que tuvo Moisés cuando vio la zarza ardiente: «Quita tu calzado de tus pies, porque el lugar en que tú estás, tierra santa es» (Éxodo 3.5). Su actitud siempre debe ser de reverencia por su creador y por el misterio del matrimonio.

Entendido como la unión de marido y mujer bajo Dios, el sexo cumple de manera profunda su función divinamente ordenada: es tierno, pacífico y misterioso. Lejos de ser un acto de lujuria y agresión animal, crea y expresa un lazo singular del amor profundo que se da a sí mismo.

Cuando una pareja experimenta el aspecto sexual de esta manera, sentirá que su unión no sólo sirve el fin de la procreación. Al mismo tiempo, los esposos deben recordar que por medio de su unión es posible que llegue una nueva alma a la tierra desde la eternidad. Si son verdaderamente reverentes, sentirán una admiración tan grande por la santidad de este hecho que su unión será como una oración a Dios.

Sin Cristo, un hombre o una mujer que ha vivido en la impureza nunca podrá comprender la profundidad misteriosa del acto sexual. Sin embargo, en Cristo puede haber una sanidad completa. «Pero sabemos que cuando Él se manifieste, seremos semejantes a Él, porque le veremos tal como Él es. Y todo aquel que tiene esta esperanza en Él, se purifica a sí mismo, así como Él es puro» (1 Juan 3.2-3).

LO QUE DIOS HA UNIDO

CAPÍTULO 8

EL MATRIMONIO EN EL ESPÍRITU SANTO

Os exhorto a que vivais de una manera digna de la vocación con que fuisteis llamados, con toda humildad y mansedumbre, soportándoos unos a los otros por amor, poniendo empeño en conservar la unidad del Espíritu con el vínculo de la paz (Efesios 4.1-3).

Todos los matrimonios pasan por pruebas y crisis, pero éstas pueden incrementar su amor, lo que deben recordar todas las parejas jóvenes. El amor verdadero proporciona la fortaleza necesaria para vencer todas las pruebas. Este amor consiste en hechos, acciones de ayuda mutua con un espíritu de sumisión humilde y recíproca. El amor verdadero nace del Espíritu Santo.

EL ESPÍRITU REVELA UN NIVEL DE EXPERIENCIA COMPLETAMENTE DIFERENTE

Cuando dos seres buscan una relación personal, generalmente lo hacen en base a emociones mutuas, valores comunes, ideas compartidas y una sensación de buena voluntad el uno hacia el otro. Sin despreciar estos aspectos, debemos reconocer que el Espíritu Santo revela un nivel completamente diferente de experiencia entre marido y mujer.

Es cierto que el amor marital basado en los impulsos de las emociones puede ser maravilloso, pero también puede convertirse rápidamente en desesperación e infelicidad. Es un fundamento inestable a largo plazo. El amor sólo adquiere seguridad y firmeza cuando está gobernado por el Espíritu.

Si buscamos sólo la unidad y el amor que son posibles a nivel humano, nos quedamos como nubes suspendidas y a la deriva. Cuando buscamos la unidad en el Espíritu de Dios, Él puede encender en nosotros un amor fiel que puede durar toda la vida. El Espíritu quema todo lo que no puede perdurar. Dios purifica nuestro amor. El amor verdadero no se origina dentro de nosotros, sino que se vierte sobre nosotros.

El matrimonio en el Espíritu Santo significa fidelidad. Sin lealtad no hay amor verdadero. En nuestra sociedad, los matrimonios están pasando por más pruebas que nunca, pero esto debe refinar y aumentar la fidelidad mutua. La fidelidad brota de la seguridad interna de nuestro llamado. Es el resultado de la sumisión al orden de Dios.

En su «Confesión de Fe» (1540), el Anabautista Peter Riedemann describe el orden de Dios para el matrimonio, que abarca tres niveles. El primero es el matrimonio de Dios con su pueblo, de Cristo con su Iglesia, y del Espíritu con nuestro espíritu (cf. 1 Corintios 6.17). El segundo es la comunidad del pueblo de Dios entre sí: la justicia y compañerismo de espíritu y alma (cf. Génesis 2.7). El tercero es la unidad entre un hombre y una mujer (cf. Efesios 5.31), que es «visible ante todos y comprensible para todos.»[18]

[18] Cf. Peter Riedemann, *Confession of Faith* (1540), (Rifton, NY: Plough, 1974), pág. 98.

LA UNIDAD DE LA FE ES LA BASE MÁS SEGURA DEL MATRIMONIO

El Apóstol Pablo también destaca la similitud entre el matrimonio y la unión espiritual cuando dice a cada esposo que debe amar a su esposa «como Cristo amó a la Iglesia y se entregó a sí mismo por ella» (Efesios 5:25). Para los cristianos, el matrimonio es un reflejo de una unidad más profunda: la unidad de Dios y su Iglesia. En un matrimonio cristiano, por lo tanto, lo más importante es la unidad del reino de Dios, en Cristo y en el Espíritu Santo. Al fin, es el único fundamento seguro sobre el cual se puede edificar un matrimonio. «Buscad primeramente el reino de Dios y su justicia, y todas estas cosas os serán añadidas» (S. Mateo 6.33).

El matrimonio siempre debe llevar a dos personas creyentes a acercarse más a Jesús y a su reino. Sin embargo, para que esto suceda, primero deben estar completamente dedicadas de manera personal, al espíritu del reino de Dios y a la comunidad de la Iglesia que lo sirve y está bajo su dirección. Primero debe haber una unidad de fe y espíritu. Sólo entonces también habrá una verdadera unidad de alma y cuerpo.

Ésta es la razón de por qué, en nuestras comunidades Bruderhof, no podemos estar de acuerdo con la unión de uno de nuestros miembros con un hombre o una mujer que no comparta nuestra fe o el llamado de vivir en comunidad con nosotros (2 Corintios 6.14). (En Esdras, capítulos 9 y 10, vemos que él tuvo que venir delante de Dios y arrepentirse grandemente de parte de todos los israelitas porque se estaban casando con mujeres de naciones paganas.) Por un lado, creemos que cualquier persona que realmente se siente atraída por el espíritu de hermandad y justicia no se quedará como «forastero»; por otro lado, creemos que sería inconcebible el matrimonio de uno de nuestros miembros con una persona que no se sienta atraída a la Iglesia y su propósito de lograr una vida de comunidad completa. Esto contradiría la unidad del Espíritu que representa el nivel más alto del matrimonio.

Sin embargo, si quisiera unirse a nuestra comunidad una persona ya casada con alguien cuyas creencias son diferentes a las nuestras, haríamos todo lo posible por salvar el matrimonio, siempre que el nuevo miembro no fuera impedido en su fe por el cónyuge incrédulo.

Cuando el amor de dos personas que desean casarse está dedicado al Espíritu Santo y colocado bajo su dominio y dirección – cuando sirve a la unidad y justicia del reino de Dios – no existe ningún impedimento para que ambos se casen. Sin embargo, cuando una pareja carece de la unidad espiritual, no se debe permitir que se casen dentro de la Iglesia. Si la Iglesia es verdaderamente el Cuerpo, la unidad de sus miembros en Dios debe ser lo más importante de todo.

A propósito, cabe mencionar que las demandas de un verdadero matrimonio en el Espíritu nunca se pueden cumplir con un sistema humano de respuestas ni resolver por medio de principios, reglas y reglamentos. Estos principios sólo pueden ser comprendidos a la luz de la unidad por los que han experimentado el espíritu de la unidad, lo han aceptado personalmente, y han comenzado a vivir de acuerdo con él.

La misma esencia de la voluntad de Dios es unidad (S. Juan 17.20-23). El deseo de Dios por la unidad motivó el envío de Pentecostés al mundo: por medio del derramamiento del Espíritu, las personas sintieron convicción en sus corazones, y se arrepintieron y fueron bautizadas. Los frutos de su unidad no fueron únicamente espirituales. Los aspectos materiales y prácticos de sus vidas también fueron influenciados y aun revolucionados. Los bienes fueron recolectados y vendidos y las ganancias fueron depositadas a los pies de los apóstoles. Todos querían dar cuanto tenían, por amor. Sin embargo, a nadie le faltó nada y todos recibieron lo que necesitaban. No se escatimó nada. No había leyes ni principios para gobernar esta revolución. Ni siquiera Jesús les dijo exactamente cómo se debía llevar a cabo, sino sólo, «vende lo que tienes, y dalo a los pobres» (S. Mateo 19:21). El día de Pentecostés, simplemente–sucedió: el Espíritu descendió y unió los corazones de los que creyeron (Hechos 2.42-47).

EL ESPÍRITU NOS LIBERA DE LA MEZQUINDAD Y TRAE UNIDAD DE CORAZÓN

La unidad genuina, como el gozo o el amor, no se puede forzar ni crear de manera artificial. Sólo el Espíritu puede traer la unidad. Sólo el Espíritu puede librarnos de nuestra mezquindad y de las fuerzas de la culpa y maldad que nos separan de Dios y entre nosotros. Es cierto que podemos tratar de librarnos de estas fuerzas por nuestra propia voluntad, y es posible que podamos vencerlas hasta cierto punto y por cierto tiempo, pero debemos recordar que al final sólo el espíritu del amor puede vencer la carne.

De nuevo, nunca debemos olvidarnos de nuestra dependencia en la guía del Espíritu Santo (cf. Gálatas 5.25). Aun dentro de un matrimonio, si nuestra unidad se basa sólo en sentimientos mutuos o valores comunes y no en el Espíritu, corre el riesgo de ser acaparada por lo meramente sexual y emocional. Nosotros mismos no somos capaces de producir la verdadera unidad de espíritu en la cual dos corazones se funden en uno. Esto sólo puede suceder cuando permitimos que nos transforme y se apodere de nosotros algo muy superior a nosotros.

Cuando un matrimonio está arraigado en el Espíritu Santo, ambos cónyuges sentirán que su amor no es una posesión particular sino un fruto y regalo del amor de Dios que los une. Es posible que todavía luchen con el egoísmo, la desunión, la superficialidad u otros desórdenes, pero si mantienen abiertos sus corazones, el Espíritu siempre les alzará los ojos hacia Dios y su ayuda.

El Espíritu debe venir constantemente a cada uno de nosotros, seamos casados o solteros. El Espíritu desea transformar todo lo que hay en nuestros corazones y darnos la fuerza para amar. En su primera Carta a los Corintios, San Pablo dice del amor: «Todo lo sufre, todo lo cree, todo lo espera, todo lo soporta. La caridad no acaba nunca». El amor nace del Espíritu Santo, y sólo en el Espíritu puede perdurar y concebirse un matrimonio verdadero.

CAPÍTULO 9

EL MISTERIO DEL MATRIMONIO

Maridos, amad a vuestras mujeres, como Cristo amó a la Iglesia, y se entregó por ella, para santificarla, purificándola mediante el baño del agua en virtud de la palabra, y presentársela resplandeciente a sí mismo, sin que tenga mancha ni arruga ni cosa parecida, sino que sea santa e inmaculada. Así también los maridos deben amar a sus mujeres como a sus mismos cuerpos. El que ama a su mujer, se ama a sí mismo. Porque nadie aborreció jamás su propia carne, sino que la sustenta y la cuida con cariño, lo mismo que Cristo a la Iglesia, porque somos miembros de su cuerpo. Por esto dejará el hombre a su padre y a su madre, y se unirá a su mujer, y los dos serán una sola carne. Grande misterio es éste; lo digo esto respecto a Cristo y la Iglesia (Efesios 5.25-32).

En el orden de Dios, el matrimonio y la familia se originan en la Iglesia. La Iglesia es la expresión primaria de amor y justicia de Dios en el mundo. En la Iglesia, el matrimonio se puede realizar y se le puede dar su valor verdadero. Sin la Iglesia, está destinado a ser vencido por las fuerzas dominantes y destructivas de la sociedad.

EL MATRIMONIO ES MÁS QUE UN LAZO ENTRE MARIDO Y MUJER

Sólo unas cuantas personas de nuestros tiempos entienden que el matrimonio contiene un misterio mucho más profundo que el lazo entre marido y mujer, esto es, la unidad eterna de Cristo con su Iglesia. En un verdadero matrimonio, la unidad de marido y mujer reflejará esta unión más profunda. No es sólo un lazo entre un hombre y una mujer, porque está sellado con el lazo mayor de la unidad con Dios y con su pueblo. Este lazo siempre debe ser primordial. Este lazo es el que prometemos en el bautismo y reafirmamos en cada celebración de la Santa Cena del Señor, y debemos recordarlo en cada ceremonia de bodas. Sin él, aun el matrimonio más feliz no dará fruto duradero.

¡Cuán poco significa el lazo matrimonial cuando representa simplemente una promesa o un contrato entre dos personas! Qué diferente sería la situación de la familia moderna, si los cristianos en todas partes estuvieran dispuestos a colocar su lealtad a Cristo y a su Iglesia por encima del matrimonio.

Para los que tienen fe, Cristo – el que verdaderamente une – siempre se encuentra entre el amante y la amada. Su Espíritu es lo que les da un acceso el uno al otro sin impedimentos. Por lo tanto, cuando el pecado entra en un matrimonio y empaña la verdad del amor, un discípulo fiel seguirá a Jesús en la Iglesia, no a su cónyuge descarriado.

El amor emocional protestará contra esto porque tiene la tendencia de desechar la verdad. Es posible que hasta trate de oscurecer la luz clara que viene de Dios. No puede ni está dispuesto a disolver una relación, aun cuando se vuelva falsa y no genuina. Sin embargo, el amor verdadero nunca sigue la maldad: se goza de la verdad (cf. 1 Corintios 13.6).

Por lo tanto, en todas las bodas de nuestra comunidad, cada pareja contesta esta pregunta decisiva: «Si uno de ustedes se alejara de la fe y dejara la vida del discipulado, ¿prometerá el otro poner su lealtad a Cristo y a la Iglesia por encima de su matrimonio?» En otras palabras, los dos cónyuges deben reconocer que la unidad de la fe es más importante que el lazo emocional de su matrimonio. Esta pregunta es esencial no sólo para las parejas del Bruderhof, sino para cada hombre o mujer en cualquier lugar, que dice ser discípulo. Si su primera lealtad no es a Jesús y a la Iglesia, ¿a quién es? (cf. S. Lucas 9.57-60).

Cuando la unidad menor de la pareja se coloca bajo la unidad mayor de la Iglesia, su unidad resulta estable y segura a un nuevo nivel más profundo, porque está colocada dentro de la unidad de todos los creyentes. No nos debe sorprender que esta idea les parezca extraña a la mayoría de las personas. En la cultura de hoy, las personas piensan que cuanto más independiente sea la edificación de un matrimonio, más estable será. Algunos hasta piensan que cuanto más se les pueda disculpar las «limitaciones» de obligaciones uno hacia el otro cónyuge, más felices serán. Esta es una suposición completamente falsa. Un matrimonio puede durar sólo cuando está fundado sobre el orden de Dios y basado en el amor de Él. Un matrimonio está edificado sobre la arena a menos que esté edificado sobre la roca de la fe.

EL HOMBRE Y LA MUJER TIENEN DIFERENTES ROLES, Y SE DEBEN COMPLEMENTAR MUTUAMENTE

La creencia de que el amor hacia Cristo y su Iglesia debe tener prioridad sobre todo lo demás también es importante para poder entender la diferencia entre el hombre y la mujer. Es claro que Dios ha dado una diferente naturaleza y diferentes tareas a cada uno. Cuando estas tareas se realizan de manera correcta en un matrimonio dentro de la Iglesia, abundarán la armonía y el amor. Mi padre, J. Heinrich Arnold, escribe:

> Es obvio que hay diferencias en la naturaleza biológica del varón y la mujer. Sin embargo, es completamente materialista pensar que la diferencia entre un hombre y una mujer es simplemente biológica. La mujer anhela absorber a su amado en su persona. Ella está diseñada por naturaleza para recibir y soportar; para concebir, dar a luz, alimentar y proteger. Un hombre, por otra parte, desea entrar en su amada y ser uno con ella; él está hecho para iniciar y penetrar en vez de recibir.[19]

Se ha dicho que el cuerpo está conformado por el alma; éste es un pensamiento profundo. El alma, el aliento de Dios, la esencia más profunda de cada ser humano, forma un cuerpo diferente para cada uno. Nunca se trata de ver quién es mayor. Tanto el hombre como la mujer fueron creados a la imagen de Dios, y ¿qué puede ser mayor que eso? Sin embargo, hay una diferencia: San Pablo compara al hombre con Cristo y a la mujer con la Iglesia (cf. Efesios 5.22-24). El hombre, como la Cabeza, ilustra el servicio de Cristo. La mujer, como el Cuerpo, ilustra la dedicación de la Iglesia. Hay una diferencia en el llamado, pero no hay ninguna en cuanto a su valor.

María es un símbolo de la Iglesia. En ella reconocemos la verdadera naturaleza de la mujer y la maternidad. La mujer es como la Iglesia, porque recibe y contiene la Palabra dentro de ella, y trae vida al mundo de acuerdo con la voluntad de Dios (cf. S. Lucas 1.38). Esto es lo más sublime que se puede decir de cualquier ser humano.

---

[19] *Discipleship*, op. cit. pág. 161.

La manera de amar de una mujer es diferente a la de un hombre. Ella es más constante, está más de acuerdo con su naturaleza tranquila y leal. Se dedica a proteger y guiar a todos los que cuida. El amor del hombre, por otra parte, busca a los demás y los desafía. Es el amor con espíritu de pionero del apóstol, del representante de Cristo: «¡Vayan y recojan! Enseñen a todas las personas. Inúndenlos en el ambiente de Dios, en la vida de Dios el Padre, el Hijo, y el Espíritu Santo» (cf. S. Mateo 28.18-19). Sin embargo, la tarea del hombre, como la de la mujer, siempre está unida a la tarea de la Iglesia.

Tanto San Pablo como San Pedro señalan que el hombre es la cabeza de la mujer, no en sí mismo sino en Cristo (cf. 1 Corintios 11.3). Esto no significa que el hombre es «mayor»; el hecho de que la mujer fue tomada del hombre, y que el hombre nace de la mujer, demuestra que dependen el uno del otro en todos los sentidos (cf. 1 Corintios 11.11-12). De nuevo, los dones y las responsabilidades de uno no valen más que los del otro; simplemente son diferentes. En el verdadero orden del matrimonio, tanto el marido como la mujer encontrarán su auténtico lugar, pero ninguno reinará sobre el otro. Reinarán el amor y la humildad.

Se debe a la maldad de nuestros tiempos que tanto los hombres como las mujeres eviten las responsabilidades que Dios les ha dado. Las mujeres se rebelan contra la inconveniencia del embarazo y el dolor del parto, y los hombres se rebelan contra la carga de su responsabilidad con los hijos que han tenido y con la mujer que se los ha dado. Tal rebelión es una maldición de nuestros tiempos, y sólo servirá para descarriar a futuras generaciones. La mujer ha sido destinada por Dios para tener hijos, y un hombre verdadero respetará y amará a su esposa todavía más por este motivo. San Pedro nos amonesta:

> De igual manera vosotros, maridos, en la vida común sed comprensivos con la mujer, que es un ser más frágil, tributándoles honor como coherederas que son de la gracia de la Vida, para que vuestras oraciones no encuentren obstáculo (1 Pedro 3.7).

Es claro que la diferencia entre el hombre y la mujer no es absoluta. En una mujer verdadera existe una hombría valiente, mientras que en un hombre verdadero existe la sumisión y humildad de María. Sin embargo, ya que el hombre es la cabeza, en un matrimonio verdadero él será quien dirige, aun si es una persona con debilidades humanas. Esto no se debe tomar como si el hombre fuera el amo y la mujer su sierva. Si un hombre no dirige con amor y humildad, si no dirige en el espíritu de Jesús, su dirección se convertirá en tiranía. La cabeza tiene su lugar en el cuerpo, pero no domina.

En las bodas en nuestras comunidades del Bruderhof, al novio siempre se le pregunta si está dispuesto a guiar a su esposa «en todo lo que es bueno», lo cual significa simplemente guiarla hacia una relación más profunda con Jesús. De la misma manera, se le pregunta a la novia si está dispuesta a seguir a su esposo. Se trata simplemente de que los dos sigan juntos a Jesús.

EL VERDADERO LIDERAZGO SIGNIFICA SERVICIO AMOROSO

En su carta a los Efesios, San Pablo señala el amor abnegado radica en que consiste el verdadero liderazgo: «Maridos, amad a vuestras mujeres, así como Cristo amó a la Iglesia, y se entregó a sí mismo por ella» (Efesios 5.25). Esta tarea, la tarea del amor, es en realidad la tarea de todos los hombres y todas las mujeres, sean casados o no.

Si tomamos a pecho las palabras de San Pablo, experimentaremos la verdadera unidad interna de una relación gobernada por el amor – un diálogo interno con Dios desde el corazón de ambos cónyuges juntos. Sólo entonces vendrá a reposar la bendición de Dios sobre nuestros matrimonios. Constantemente buscaremos al amado de nuevo y continuamente buscaremos maneras de servirnos mutuamente con amor. Y, lo más maravilloso de todo, encontraremos el gozo eterno. Según escribe Tertuliano, uno de los padres de la Iglesia:

> ¿Quién puede describir la felicidad de un matrimonio contraído en presencia de la Iglesia y sellado con su bendición? ¡Qué yugo tan dulce es el que une a dos creyentes en una esperanza, una manera de vivir, una promesa de lealtad, y un servicio a Dios! Son hermano y hermana, ambos ocupados en el mismo servicio, sin ninguna separación de alma y cuerpo, sino como dos en una sola carne. Y donde hay una sola carne, también hay un solo espíritu. Juntos oran, juntos se arrodillan: uno enseña al otro, y uno es indulgente con el otro. Están unidos en la Iglesia de Dios, unidos en la mesa del Señor, unidos en la ansiedad, en la persecución y en la recuperación. Compiten en servir a su Señor. Cristo observa y escucha, y con gozo les manda su paz, porque en donde están reunidos dos en su nombre, allí está Él en medio de ellos.[20]

[20] Ernst Rolffs, ed., *Tertullian, der Vater des abendländischen Christentums: Ein Kämpfer für und gegen die römische Kirche* (Berlin: Hochweg, 1930), pág. 31-32.

CAPÍTULO 10

EL SEXO ES SAGRADO

Tened todos en gran honor el matrimonio, y el lecho conyugal sea inmaculado; que a los fornicarios y a los adúlteros los juzgará Dios (Hebreos 13.4).

Hay dos grandes peligros relacionados con el sexo. Por una parte, puede haber el miedo a la entrega de uno mismo, a la intimidad que implica una relación física, o el sentimiento de que el sexo es algo sucio y vergonzoso. Por otra parte, puede existir la lujuria desenfrenada y el pecado. Es cierto que el aspecto sexual no es incorruptible. Aun dentro del matrimonio, si el sexo se experimenta sin la presencia de Dios, que lo creó, las bendiciones que podría producir este acto se llegan a convertir en peligros. En lugar de la pasión, se genera una concupiscencia descarada; en lugar de la ternura, se crea la agresión y aun brutalidad; y en lugar de una entrega mutua, se desarrolla un deseo incontrolable.

La Iglesia nunca debe estar callada ante estos peligros (cf. 1 Corintios 5.1-5). El espíritu de la impureza siempre está al acecho, listo para tentarnos, y se insinuará en el santuario del matrimonio en cualquier momento que le demos cabida. Una vez que la impureza haya penetrado un matrimonio, resulta cada vez más difícil enfocarse en el amor de Dios, y cada vez será más fácil que uno ignore al otro y ceda a las tentaciones malignas.

Nunca debemos subestimar el poder de los espíritus impuros que impulsan a las personas a la maldad, aun dentro del matrimonio. Cuando es controlado por estos espíritus, el sexo pierde su carácter de nobleza, se deteriora rápidamente y termina siendo una baratija. Lo que Dios creó como un don maravilloso, se convierte en una experiencia siniestra que destruye la vida misma. Sólo el arrepentimiento puede traer la restauración y la sanidad.

A TRAVÉS DEL ACTO MATRIMONIAL, SE PUEDE LOGRAR UNA UNIÓN INIGUALABLE

Podemos reconocer la verdadera naturaleza de la esfera sexual de manera más clara, si comprendemos su carácter sagrado como la culminación del amor matrimonial sancionado por Dios. Sucede lo mismo con el acto conyugal en sí, el momento en que el amor marital llega a su mayor expresión física. Ya que el acto conyugal es una experiencia tan poderosa y dramática, es imprescindible que esté arraigada en Dios. El sexo se puede convertir en un ídolo si no se lo reconoce como un regalo de Dios y no está subordinado a Él. Sin embargo, si se recibe con reverencia, «despierta lo más íntimo, lo más sagrado, lo más vulnerable en el corazón humano».[21]

En un verdadero matrimonio, el sexo está gobernado no sólo por el deseo o la voluntad de los dos cónyuges, sino también por el amor divino que los une. Cuando cada uno se da en una entrega plena al otro, la unión que se produce alcanza una profundidad inigualada. No será simplemente «amor *físico*», sino también la expresión y consu-

[21] Jean Vanier, *Man and Woman He Made Them* (New York: Paulist, 1994), pág. 128.

mación del amor *total*, un acto de entrega incondicional y una satisfacción profunda.

Cuando una persona se entrega físicamente a otra, se produce una experiencia grandiosa y maravillosa. El orgasmo, el clímax o la culminación de la unión física, es una experiencia poderosa y emocionante que ejerce un gran impacto en el espíritu. En ese momento, la experiencia del cuerpo es tan poderosa que es difícil distinguirla de la experiencia del espíritu. En una armonía rítmica entre corazón y cuerpo, dos seres humanos alcanzan la cima más alta del gozo del amor. En una unión total, ambos se desprenden de su propia personalidad y se unen en la mayor intimidad posible. En el momento culminante, una persona se siente tan apasionada que momentáneamente pierde el sentido de su propia independencia.

LA UNIÓN FÍSICA SIEMPRE DEBE EXPRESAR UNA UNIDAD DE CORAZÓN Y ALMA

Nunca expresamos suficiente reverencia ante el acto matrimonial. Aun cuando rechazamos la mojigatería, procederemos con recato y cautela al abordar el tema de la sexualidad con otras personas. Por supuesto, un hombre y una mujer unidos en matrimonio deben poder hablar libremente al respecto entre ellos, aun acerca de los detalles más íntimos. Sin embargo, nunca lo harán sin la reverencia que brota de su amor mutuo.

Es de primordial importancia que una pareja no se acueste a dormir sin hablar primero con Jesús. No es necesario emplear muchas palabras; Jesús siempre sabe lo que queremos decirle y lo que necesitamos. No sólo debemos darle las gracias sino también pedir su dirección. Por supuesto, si no llamamos a su puerta, no nos puede guiar. Se puede pedir lo mismo al iniciarse cada día.

Si nuestro matrimonio está fundado en Jesús y en su amor y pureza, encontraremos la relación correcta entre uno y otro en todos los aspectos. Para lograrlo, debemos prestar atención a la amonestación de San Pablo: «Si os airáis, no pequéis. No se ponga el sol mientras estéis airados y no deis ocasión al Diablo» (Efesios 4.26-27). La oración es esencial para reconciliar las diferencias que se suscitan dentro de la relación matrimonial. Si dos seres se unen físicamente, sin gozar de una unidad espiritual, resultarán hipócritas y profanarán el vínculo del amor.

La unión física siempre debe ser la expresión de una unión completa de espíritu y alma; nunca debe ser una simple satisfacción sensual. En Jesús, cada acto físico de amor representa una entrega mutua de dos seres que afirma la determinación de vivir el uno por el otro. No tiene nada que ver con un deseo de dominar ni un concepto del sexo como conquista.

Cualquier persona que utiliza a su cónyuge simplemente para su propia satisfacción, insulta su propia dignidad y la de su cónyuge. Tal persona está usando el sexo para un fin egoísta. Por eso la Biblia dice que es pecado cuando un hombre se retira de su esposa antes del clímax y permite que el semen «se vierta en tierra» (Génesis 38.9-10). Por supuesto, si eso sucede involuntariamente, de manera prematura, o en un sueño, no es pecado. Por la misma razón, el sexo oral o anal también es pecado, ya que es motivado sólo por el deseo egoísta de excitación sexual, y en realidad es una especie de masturbación mutua.

LA VERDADERA SATISFACCIÓN SEXUAL SE ENCUENTRA EN UNA SUMISIÓN MUTUA

El deseo sexual puede estar relativamente latente en una pareja de recién casados, sobre todo cuando ninguno de los dos ha participado en el sexo premarital ni ha sido adicto a la masturbación. En este caso, es posible que sea necesario que el esposo despierte el deseo sexual en su esposa. Como es posible que este proceso lleve tiempo, el esposo debe ser muy paciente e iniciar la unión sexual sólo cuando su esposa esté lista. Para una virgen, el primer acto sexual puede ser doloroso y causar un pequeño derrame de sangre. No deben alarmarse si sucede eso; sin embargo el esposo debe estar consciente de la incomodidad de su esposa.

Un verdadero esposo amará a su esposa lo suficiente para ver que ella esté lista, y no debe apresurarse a tener relaciones sexuales a causa de su propia impaciencia. Como al esposo le interesa la satisfacción de su esposa además de la suya propia, debe estar consciente del hecho de que la mujer a menudo necesita más tiempo que el hombre para llegar al clímax. Después del acto sexual, él no debe quedarse profundamente dormido, dejando a su esposa todavía despierta, frustrada y decepcionada.

A menudo, las circunstancias que rodean el acto sexual influyen más en la satisfacción sexual de una mujer que en la de un hombre; también depende hasta qué punto ella se siente unida con su esposo y en pequeños actos de ternura o palabras de cariño. El acto no sólo consiste en llegar al clímax. Una mujer puede experimentar la mayor satisfacción con el simple hecho de sentirse unida a su ser amado.

Una pareja no debe tener miedo de prepararse mutuamente para la unión física. La estimulación amorosa es una afirmación concreta de la unidad mutua. Además de aumentar el estado de preparación, la estimulación incrementa la confianza y envuelve a la pareja en un ambiente de seguridad. Tanto el marido como su mujer deben descubrir lo que más le complace y estimula a su cónyuge. Por ejemplo, hablando de las mujeres, Friedrich von Gagern escribe: «Hay zonas del cuerpo que son especialmente sensibles a las caricias – la boca, los senos, las axilas, la columna vertebral – pero el amor entre los cónyuges los llevará constantemente a encontrar nuevos caminos.»[22]

COMO AUTODISCIPLINA, LA ABSTINENCIA PUEDE INCREMENTAR EL AMOR DE UNA PAREJA

Siempre es posible tener relaciones sexuales en el sentido físico, pero un marido debe estar dispuesto a abstenerse según sea necesario, sobre todo antes y después del parto y por el bien de la salud de su mujer. En nuestras comunidades del Bruderhof, recomendamos la abstinencia durante la menstruación y por lo menos seis semanas antes del nacimiento de un hijo. Después del parto, las parejas deben abstenerse por el mayor tiempo posible, para que la madre pueda recuperarse tanto física como emocionalmente. Ya que todas las parejas son diferentes, es difícil sugerir un plazo determinado; lo más importante es la consideración. Si un marido realmente se interesa por el bienestar de su esposa, estará dispuesto a disciplinarse, absteniéndose lo más que pueda (cf. 1 Tesalonicenses 4.3-5). Durante estos períodos de abstinencia, por amor a su esposo, la mujer debe tener cuidado de no hacer nada que podría estimularlo sexualmente.

[22] Friedrich von Gagern, *Man and Woman: An Introduction to the Mystery of Marriage* (Cork, Ireland: Mercier, 1957), pág. 26-27.

Naturalmente, cuando un hombre y una mujer se aman, viven juntos, duermen juntos, y han sido creados el uno para el otro, es más difícil que se abstengan en comparación con una persona soltera. Con mayor razón, deben tener cuidado con no acercarse mutuamente dentro de un contexto sexual y luego tener que evitar la unión sexual.

A medida que una mujer se va acercando a la edad mediana, no es raro que disminuya su gozo o su interés en el sexo. Esta disminución puede ser difícil para el hombre. Sin embargo, él debe hacer todo lo posible para que no disminuya su amor por su esposa. La esposa, por su parte, debe entregarse a su esposo con amor lo mejor que pueda, aun si su gozo al hacerlo no sea igual al que sentía en años anteriores (cf. 1 Corintios 7.3-4). De otra manera es posible que un hombre se sienta tentado a buscar otras salidas para sus impulsos sexuales. Lo principal es que siempre debe existir la unidad de espíritu y alma antes de unirse físicamente y, cuando sea necesario abstenerse, que esto no se convierta en un motivo para que se enfríe ese amor. San Pablo escribe:

> No os neguéis el uno al otro sino de mutuo acuerdo, por cierto tiempo, para ocuparos en la oración; y volved a estar juntos, para que Satanás no os tiente por vuestra incontinencia (1 Corintios 7.5).

Por lo tanto, la abstinencia siempre se debe abordar dentro del contexto del ayuno y la oración, como autodisciplina. Cuando se acepta voluntariamente de esta manera, la abstinencia puede unir a una pareja de manera más profunda que nunca.

Al final, todos los aspectos de un matrimonio dependen de la calidad del compromiso que tienen las dos partes con Jesús y de su voluntad de seguir la dirección del

Señor. Las parejas deben recordar que Dios fue quien los unió, y sólo Él los puede mantener unidos, sobre todo en los tiempos difíciles. Jesús dice: «Todo el que pierda su vida por causa de mí, éste la salvará» (S. Lucas 9.24). Sucede lo mismo en el matrimonio cristiano: siempre y cuando los dos cónyuges estén dispuestos a entregarse constantemente el uno al otro, y los dos a Cristo, encontrarán la verdadera satisfacción de la unidad y la libertad.

CAPÍTULO 11

LA BENDICIÓN DE LOS HIJOS, UN REGALO DE DIOS

Hijos, obedeced a vuestros padres en el Señor, porque esto es justo. «Honra a tu padre y a tu madre», tal es el primer mandamiento, que lleva consigo una promesa: «Para que seas feliz y se prolongue tu vida sobre la tierra.» Padres, no exasperéis a vuestros hijos, sino formadlos más bien mediante la instrucción y la corrección según el Señor (Efesios 6.1-4).

Vivimos en un mundo en donde la estructura de la familia está sufriendo grandes cambios, tanto en los países «ricos» como en los países de menores recursos. El concepto de la familia como una unidad estable y coherente está desapareciendo rápidamente. Hasta tenemos miedo de definir la palabra «familia» porque no queremos ofender a nadie.

Desde hace algunos años, los psicólogos nos han advertido de las consecuencias de los matrimonios desbaratados, del embarazo entre los adolescentes, de los hogares violentos y de otros males sociales, pero la advertencia en vano se ha dado. Ahora estamos recogiendo una cosecha amarga. Con mayor razón es urgente que volvamos a descubrir cuál fue el propósito original de Dios al crear al hombre y a la mujer y al darles la bendición de tener hijos.

HACE FALTA MUCHO VALOR PARA TENER HIJOS EN LA ACTUALIDAD

La sociedad moderna desprecia a los hijos. Es difícil que una familia con varios hijos pueda encontrar una casa, y en muchos lugares es imposible alquilar un departamento, aun con un solo hijo. La gente simplemente no quiere a los niños. Las personas creen que es una lástima tener que dejar su trabajo u otras actividades para tener hijos, y muchas veces las mujeres que deciden quedarse en casa para cuidar a sus hijos se consideran inferiores a las que tienen carreras más «aceptables».

En realidad hace falta mucho valor para tener hijos en estos tiempos, pero eso es lo que significa la fe: no saber lo que depara el futuro, pero confiar en que Dios tiene todo bajo su control y Él va a decir la última palabra. Más que nunca, los padres necesitan confiar en Dios. La salud de una sociedad (y la salud de cualquier iglesia o movimiento dentro de la sociedad) depende de la fortaleza de sus matrimonios. Cuando existe el temor de Dios y una reverencia por la vida, hay familias fuertes y estables, pero, en cuanto se pierdan estos valores, se producen una desintegración y deterioro rápido.

Los que saben lo que significa tener un hijo, verlo sonreír por primera vez, amarlo y sentir su amor, comprenden la grandeza de Dios y la cercanía de la eternidad en la vida de cada criatura. Saben que no hay otro niño como el suyo, y que ningún otro podría reemplazarlo en su corazón. También reconocerán la gran magnitud de la responsabilidad de traer a un hijo al mundo, una responsabilidad que sólo aumenta a medida que madura el niño. Los padres también se darán cuenta de que, a causa de su propia debilidad y pecado, no pueden ni siquiera criar a un solo hijo con sus propias fuerzas.

Sin embargo, no debemos permitir que el reconocimiento de nuestras limitaciones nos lleve a la desesperación. Este hecho debe obligarnos a darnos cuenta de que dependemos completamente de la gracia de Dios. Sólo el adulto que se hace como niño ante la gracia de Dios está preparado para criar a un hijo.

¿SOBRE CUÁL FUNDAMENTO SE DEBE EDIFICAR LA FAMILIA?

Si pensamos comenzar a tener hijos, nuestra primera pregunta debe ser: ¿en base a qué fundamento? El único fundamento confiable es la entrega completa a Cristo y a su Iglesia. Sólo en Él podemos construir una hermosa vida de familia que nos dé verdadera satisfacción y pueda vencer las fuerzas que intentan atacarla desde afuera.

Todas las parejas tienen el deber de criar a sus hijos en el nombre de Dios, representando al Creador. Para el niño pequeño, sobre todo, el padre y la madre representan a Dios. Por eso el mandamiento de honrar al padre y a la madre es tan esencial en la crianza de los hijos. Sin este mandato, el mandamiento de honrar a Dios no tiene ningún significado verdadero. En realidad, todos los niños sienten un anhelo innato de la seguridad que viene del padre, de la madre y de Dios. Por eso es trágico cuando los padres no satisfacen ese anhelo, cuando sólo llevan el título de padres pero en realidad no son verdaderos padres ni madres. Los hijos se darán cuenta de tal hipocresía siempre que ocurra y, al ir creciendo, llevarán una vida llena de resentimiento, amargura y rebeldía.

Sucede lo mismo cuando una pareja lleva una vida llena de contiendas; por ejemplo, si la mujer no apoya a su marido como la verdadera cabeza de la familia, o si el hombre no honra ni ama a su mujer. Cuando los hijos no encuentran una verdadera imagen de Dios en sus padres, les cuesta trabajo encontrar un fundamento seguro y sano para su vida de adultos. Inclusive pueden tener dificultades emocionales.

Es sumamente importante que, desde el día que nace, el niño esté rodeado de amor y de reverencia por Dios. Según los niños observan el amor de sus padres entre sí, así encontrarán la confianza personal que necesitan para poder desarrollarse y madurar.

En cuestiones de disciplina, es mejor que el marido y la mujer estén totalmente de acuerdo en cuanto al comportamiento que esperan de sus hijos. No les debe tocar a los niños decidir cuál de sus padres tiene la razón. Los niños deben sentir confianza y no tener que juzgar. Ellos buscan los límites invariables y la seguridad que resulta de la unidad, del amor y del respeto mutuo. Estas actitudes forman la base del amor verdadero hacia los niños.

LOS NIÑOS NECESITAN EJEMPLOS VIVIENTES, NO PALABRAS RELIGIOSAS

Los primeros cinco años de vida son los más críticos para la formación del niño. Por dicha razón los padres deben aprovechar esta etapa para enseñarles a sus hijos, dándole vida a las narraciones acerca de Jesús y el Evangelio. Esto se puede hacer de manera muy sencilla: contándoles acerca del nacimiento, la muerte y la resurrección de Jesús. Todas estas verdades pueden conmover el corazón de los niños a una edad más temprana de lo que nos imaginamos, y despertar en ellos el amor hacia Dios y hacia Jesús.

Sin embargo, no podemos presentar a Jesús a nuestros hijos si Él no significa para nosotros más que un simple personaje bíblico. Los niños siempre querrán venir a Jesús, pero se rebelarán instintivamente contra la falsa piedad. Según lo expresó Blumhardt: «Si tratamos de atraer forzadamente a nuestros hijos al reino por medio de nuestra religiosidad, ellos huirán de nuestros hogares piadosos lo más pronto que puedan».[23] Por lo tanto, siempre debemos tener cuidado con no presionar a nuestros hijos con la religión ni cansarlos hablando de pecados que no pueden entender ni cometer. Queremos que sigan siendo niños en cuanto a su manera de ver a Dios, a Jesús, y a la Biblia. No tiene ningún objeto, por ejemplo, obligar a los niños a aprender aun los pasajes más cortos de la Biblia si Dios no les habla directamente a sus corazoncitos. En vez de tratar de «enseñarles» la fe a los niños, es mucho mejor que los padres muestren su fe mediante el ejemplo, de manera espontánea y auténtica. Cuando nuestros hijos vean que nosotros, sus padres, dependemos de Dios para todo y le damos gracias y obedecemos sus mandamientos, ellos sentirán un deseo profundo de orar y de seguirlo por su propia voluntad.

NUESTRA TAREA CONSISTE EN GUIAR A NUESTROS HIJOS, NO EN CONTROLARLOS

Criar a los hijos requiere una disciplina diaria, pero nunca debemos olvidar que cuidarlos en el nombre de Dios significa guiarlos, no controlarlos. A los niños se les debe animar a sobreponerse a sí mismos y ver más allá de sus pequeños mundos desde una edad muy temprana, y deben aprender a amar y respetarse mutuamente. No se puede permitir que los niños se dejen llevar por cualquier estado de ánimo ni que realicen todos sus deseos egoístas

[23] Johann Christoph Blumhardt y Christoph Friedrich Blumhardt, *Thoughts About Children* (Rifton, NY: Plough, 1980), pág. 29.

sin limitaciones. Siempre es necesario dar instrucciones claras y límites invariables. De hecho, la disciplina constituye el mayor amor que podemos demostrarles (cf. Hebreos 12.10-11). Sin embargo, no es un acto de amor controlar a los niños a la fuerza ni aplastar su propia personalidad.

Debemos recordar que cada niño es un pensamiento de Dios (cf. Salmo 139.13-17) y también debemos tratar de entender por qué se dice que «un niño los pastoreará» (Isaías 11.6). Al guiar a nuestros hijos, no podemos ni debemos tratar de moldearlos de acuerdo a nuestras propias intenciones y planes. No debemos obligarles a hacer nada que no haya nacido dentro de ellos, ni haya salido de ellos mismos, ni les haya sido dado por Dios. El Señor tiene un propósito específico para cada niño; tiene un plan para cada uno, y Él lo perfeccionará. Nuestro deber es ayudar a que cada niño encuentre y cumpla el propósito *de Dios* para su vida.

Al desempeñar este deber, debemos resistir constantemente nuestra tendencia humana de querer guiar al niño. A veces, significa no distraer al niño de sus propios pensamientos. Blumhardt nota que dañamos nuestra relación con el niño muy pronto si interrumpimos sus pensamientos y su disposición alegre y tratamos de influenciarlo con nuestras ideas o consejos: «Los niños aprenden la obediencia y el respeto de la mejor manera cuando se les deja solos, sin molestar».[24]

Naturalmente, siempre debemos tener cuidado con no ser permisivos. La debilidad en cualquier forma generalmente se debe no sólo a una dependencia emocional inapropiada en el niño, sino también a un emocionalismo inapropiado entre padres e hijos, e inhibe el espíritu infan-

[24] *Thoughts About Children*, op. cit., pág. 9.

til de los niños porque los expone a la cobardía de los adultos que han perdido la claridad de Cristo. Siempre debemos asegurar que nuestros hijos estén libres de tales lazos.

LA VERDADERA AUTORIDAD FORTALECE Y ESTIMULA AL NIÑO

Los niños nunca deben sentirse maltratados cuando se les habla o amonesta de manera severa. Necesitan aprender a controlarse y afrontar lo que ha sucedido cuando se demuestra que se han portado mal. No deben dar respuestas a medias que podrían significar una cosa u otra. Sin embargo, aun cuando es saludable cierta severidad con los niños, la impaciencia no lo es, sobre todo cuando produce castigo corporal. Eberhard Arnold dice que la impaciencia representa una «declaración de bancarrota».

Rechazamos tanto la severidad del castigo corporal como el poder de la manipulación: ambos son actitudes del autoritarismo que no toman en serio al niño como portador de la imagen de Dios. Una actitud falla en cuanto a la misericordia y la otra en cuanto a la honestidad. Ambas fallan en cuanto al amor. La verdadera autoridad estimula y fortalece lo que es bueno en cada niño si se le enseña a tomar sus propias decisiones en cuanto al bien y el mal. Los niños sólo desearán luchar contra el mal que los acecha si los guiamos amándolos y confiando en ellos.

La mayoría de los padres y madres no llevan intencionalmente a sus hijos por un camino equivocado. En realidad, no sólo sus hijos sino ellos mismos sufren cuando no cumplen con su deber de ser verdaderos padres en el nombre de Dios. Cada pareja puede encontrar la dirección y el perdón de Dios si se lo piden en sus oraciones, y si buscan ayuda de los hermanos y hermanas en quienes confían; pero nunca se debe encomendar la educación de un hijo a la Iglesia a costa de la relación entre padres e hijos. Sin embargo, en nuestras comunidades de Bruderhof, donde tenemos nuestros propios maestros, observamos que a menudo este hecho fortalece la relación porque le proporciona al niño la seguridad de un amor mucho más profundo y fuerte que el de una sola familia. Por supuesto, al fin y al cabo, no somos nosotros los que podemos criar a nuestros hijos, sino Dios. Mi padre escribe a este respecto:

> Cristo nos llama a ser como niños: esto significa que debemos dejar todo y llegar a depender completamente de Dios y unos de otros. Si nosotros como padres amamos a Dios con todo nuestro corazón y toda nuestra alma, nuestros hijos sentirán la debida reverencia por nosotros, y nosotros también sentiremos reverencia por nuestros hijos y por el misterio maravilloso de convertirse en y ser niño. La reverencia por el espíritu que se mueve entre padres e hijos es el elemento básico de la verdadera vida de familia.[25]

[25] *Discipleship*, op. cit., pág. 169.

CAPÍTULO 12

LA PUREZA DE LA NIÑEZ

Así pues, quien se haga pequeño como este niño, ése es el mayor en el Reino de los Cielos. Y el que reciba a un niño como éste en mi nombre, a mí me recibe. Pero el que escandalice a uno de estos pequeños que creen en mí, más vale que le cuelguen al cuello una de esas piedras de molino que mueven los asnos, y que lo hundan en lo profundo del mar (S. Mateo 18.4-6).

Las palabras de Jesús nos explican el gran valor que tiene el alma de un niño ante los ojos de Dios. Espiritualmente, cada niño está cerca del trono de Dios, del corazón de Dios. Además, cada niño tiene un ángel de la guarda que «ve siempre el rostro de mi Padre que está en los cielos» (S. Mateo 18.10).

Cuando un bebé llega al mundo, es como si trajera consigo el mismo aire puro del cielo. En cada nacimiento sentimos que algo de Dios ha nacido, que algo de la eternidad ha descendido a morar entre nosotros. La inocencia de un niño es una bendición maravillosa.

EL ESPÍRITU INFANTIL DEBE SER PROTEGIDO Y ALIMENTADO

Sin embargo, a pesar de la inocencia de cada niño, también existe la tendencia a pecar (cf. Proverbios 22.15). Por eso es un gran pecado descarriar a un niño. Los niños no sólo se corrompen cuando se les engaña intencionalmente para que pequen. Sucede lo mismo cuando son expuestos a cualquier cosa que contamine el ambiente de inocencia que los rodea y que pueda robarles su espíritu infantil. Muchas de las imágenes que los niños ven actualmente – en la televisión en casa, en los centros comerciales y en la escuela – son creadas por adultos obsesionados con el sexo, la violencia, el poder y el dinero. No nos debe extrañar, entonces, que pierdan su espíritu infantil y su misma niñez, aunque sigan siendo niños.

Lo mejor que podemos hacer para nuestros hijos es asegurarnos que todo el ambiente que los rodea esté lleno del espíritu de pureza y gobernado por el amor. La educación espiritual de los niños – la tarea de enseñarles a respetar y amar a Dios, a sus padres, a sus maestros, en fin, a todos los que los rodean – es un privilegio sagrado. Por eso es sumamente importante pedir que el Espíritu de Dios despierte en la voluntad de nuestros hijos un deseo por lo que es puro, auténtico y bueno. Es mucho más importante guiar a los niños para que hagan lo bueno, que enseñarles a memorizar versículos o decir oraciones que posiblemente no vienen del corazón. En nuestras comunidades, generalmente evitamos la instrucción formal de religión como tal. Creemos que los niños pueden aprender a amar a Dios por medio de cantos sencillos e historias de la Biblia, y por el ejemplo diario de los hermanos y hermanas que los rodean y que se aman unos a otros.

Cuando guiamos a los niños hacia Jesús, es importante que nosotros mismos tengamos una actitud de niño hacia sus mandamientos y dichos, hacia el mundo de los ángeles, y hacia la Biblia en general. ¡Los niños abren sus corazones muy rápida y fácilmente a estas enseñanzas!

También podemos llevar a nuestros hijos a Dios por medio del mundo a su alrededor, ayudándoles a sentir al Señor en todo lo que ven: el sol, la luna y las estrellas; aves y animales; árboles y flores; montañas y tormentas. Cada niño quiere vivir en la naturaleza y con la naturaleza, y existe en cada uno un amor hacia la tierra, un gozo al ver el cielo lleno de estrellas y un afecto cariñoso hacia todo lo que tiene vida. Y lo más maravilloso es que cada niño cree firmemente que un creador fue quien originó todo lo que lo rodea y que todo lo controla (cf. Salmo 19.1-2). A menudo, para un niño, el mundo de Dios y sus ángeles está mucho más cerca y es más real de lo que nos imaginamos.

A través de la creación y de la Biblia, los niños se darán cuenta del sufrimiento y la muerte a temprana edad. Aunque es importante enseñarles a tener compasión para con los que sufren, es de igual importancia no agobiarlos ni asustarlos. Por lo general, un exceso de información acerca del ciclo de la vida – la reproducción, el nacimiento y la muerte – puede distorsionar la manera como el niño percibe interiormente el mundo creado por Dios. El nacimiento y la muerte son misterios que sólo se pueden entender en relación con Dios, y existe el peligro de la irreverencia si se explican demasiado. En cuanto al sexo, especialmente, no es necesario que un niño ni un adolescente sepa todo. Es demasiado fácil destruir el aspecto sagrado y el misterio de la vida con un exceso de información.

No estoy sugiriendo de ninguna manera que los hijos deben ignorar las realidades básicas de la vida. Sólo quiero decir que estos aspectos nunca se deben separar de su origen divino. Lo principal es que no debemos perturbar la pureza de la niñez, la relación natural de cada niño con Dios.

EDUCAR A UN NIÑO SIGNIFICA ANIMARLO A ESCOGER EL BIEN EN VEZ DEL MAL

Proteger la pureza de un niño significa ganarlo para el bien. No debemos suponer que los niños no son tentados a hacer el mal. Como padres, siempre debemos estar dispuestos a combatir el mal en nuestros hijos, ya sea que se manifieste en la forma de mentiras, robo, falta de respeto o impureza sexual. Sin embargo, debemos proceder sin demasiadas reglas (cf. Colosenses 2.20-22). El moralismo, que siempre implica sospecha y desconfianza, arruina el espíritu infantil. Por una parte, no se puede dejar de proteger a los niños para que no sean víctimas de cualquier mal que se les presente. Por otra parte, no debemos desanimarlos, señalándoles constantemente sus fallas. La verdadera educación no significa moldear ni reprimir a un niño por medio de una crítica constante. Significa animarlo a escoger el bien en vez del mal.

Aun desde la edad temprana, debemos tener cuidado de no consentir a nuestros hijos. El consentimiento conduce al egoísmo, a la falta de autodominio y a un descontento profundo; o sea, conduce al pecado. Los padres que consienten a sus hijos a menudo confunden el amor con el emocionalismo. Creen que van a ganar a sus hijos aferrándose a ellos, pero en realidad sólo se convierten en obstáculos para que sus hijos lleguen a ser personas independientes y sanas. Tratar a los hijos como la propiedad emocional de los padres constituye una falta de respeto hacia los hijos, ignorando que ellos mismos también fueron creados individualmente a la imagen de Dios.

Entre los niños mayores, suele haber falta de respeto hacia los compañeros, maestros y padres. La falta de respeto se manifiesta de muchas maneras. A menudo toma la forma de machismo (que sirve más que nada para disimular la cobardía, y sólo se ostenta delante de otras personas) o una falta de consideración de otros, un comportamiento destructivo o irrespetuoso. Tales niños pueden despreciar el canto como algo afeminado, burlarse de las muestras de afecto hacia los bebés, los niños pequeños o los animales, y despreciar todo lo religioso o la moralidad. Como los niños que demuestran tales tendencias se sienten inseguros, son susceptibles a ser presionados por sus compañeros, y a menudo buscan el apoyo de un pequeño círculo de amigos. Los padres y maestros deben estar conscientes de este hecho, porque nunca es saludable la exclusividad de un círculo cerrado, por amigable que sea. El mejor antídoto a esta preferencia por un grupo pequeño y exclusivo consiste en darle una orientación positiva y demostrarle amor e interés auténtico a cada niño.

TODOS LOS NIÑOS INSTINTIVAMENTE ANHELAN UNA CONCIENCIA LIMPIA

Hace falta una sensibilidad y discernimiento especial para abordar la cuestión de la impureza sexual en los niños. Mi padre escribe:

> Es muy difícil saber cómo combatir el pecado en los niños. Si se observan indecencias, por ejemplo, que generalmente comienzan cuando los niños se exhiben y a veces se tocan entre ellos de manera inapropiada, el niño sabrá

instintivamente que no debe hacer eso. Estas indecencias siempre conducen a la mentira. Debemos tener cuidado con no darle demasiada importancia a esta conducta entre los niños porque posiblemente les dirigiría más la atención al aspecto sexual. Quizás lo mejor es amonestarlos y dar por terminado el asunto y luego ayudarles a pensar en otras cosas.

Nosotros los adultos nos olvidamos muy fácilmente que muchas cosas no significan lo mismo para un niño que para un adulto, y nunca debemos proyectar nuestras ideas y sentimientos y experiencias a la mente de un niño (cf. Tito 1.15). Tampoco debemos olvidar que en cierta manera es natural que los niños pasen por etapas de curiosidad sexual. No debemos equivocarnos, pensando que esta curiosidad es un pecado. Sin embargo, debemos guiar a nuestros hijos de tal manera que sus almas se mantengan puras e inocentes. Un exceso de preguntas puede hacer daño a un niño, porque por temor puede llegar a enredarse más y más en una serie de mentiras.

Es una gran injusticia «etiquetar» a los niños o adolescentes, sobre todo a los que han ofendido en el aspecto sexual. En nuestra evaluación de las ofensas de los niños, debemos tener cuidado con llegar a conclusiones precipitadas y duras acerca del desarrollo del niño en el futuro. Más bien, debemos ayudarle a encontrar nuevos intereses y emprender un camino nuevo con gozo.

Sabemos que podemos llegar al corazón de cualquier niño haciendo un llamado a su conciencia. En su corazón, cada niño anhela instintivamente tener una conciencia pura y debemos apoyar este anhelo, porque el niño sufrirá si su conciencia está agobiada.

Llega un momento en que un niño deja de ser niño en el verdadero significado de la palabra. En el momento en que peca deliberadamente, pierde su niñez. Entonces sus padres y maestros tienen la responsabilidad de ayudarle a encontrar el arrepentimiento, la experiencia de Jesús en la cruz y una conversión que conduce al perdón de los pecados. A través de la cruz, *se puede* restaurar una niñez perdida.[26]

LA PUREZA, IGUAL QUE LA IMPUREZA, SE APRENDE MEDIANTE EL EJEMPLO

Para los padres, es imposible enfatizar demasiado la importancia de buscar una relación de confianza con los hijos desde su más temprana edad. No podemos esperar a que surjan los problemas que posiblemente aparezcan a los cinco o seis años de edad. Si no formamos una relación personal con nuestros hijos cuando todavía son pequeños, es posible que nunca logremos la confianza y respeto necesarios para resolver los problemas más graves que vienen con la adolescencia.

La etapa entre los trece y los veintiún años es sumamente crítica, por supuesto, ya que los niños se van dando cuenta de su sexualidad durante estos años. Es muy fácil que los padres, y toda la Iglesia, no presten atención a los adolescentes que viven entre ellos, fallándoles lamentablemente sólo porque los han ignorado. ¡Qué diferentes serían las escuelas de nuestros adolescentes si los padres en verdad procuraran pasar más tiempo con sus hijos adolescentes! Muchos padres les advierten acerca del alcohol, de las drogas y de la experimentación sexual. Sin embargo, ¿cuántos padres se dan tiempo regularmente para guiar a sus hijos y animarlos a usar su tiempo de manera creativa, en vez de dedicarse sólo a ver las últimas películas de vídeo o a pasar el tiempo en los centros comerciales? Los padres que han dedicado tiempo a sus hijos, mantendrán una re-

[26] *Discipleship*, op. cit., pág. 177-178.

lación estrecha con ellos a través de los altibajos de la adolescencia. Un padre no sólo debe ser padre sino también compañero y amigo. Una madre debe ser lo mismo para sus hijas.

Los jóvenes siempre necesitan tener una persona en quien puedan confiar, ya sea el padre o la madre, un pastor, un consejero o un amigo. Tiene que haber *alguien* en quien confíen y con quien puedan compartir libremente sus alegrías o tristezas y con quien puedan hablar abiertamente acerca del sexo sin pena ni vergüenza.

La pureza, como la impureza, se aprende principalmente mediante el ejemplo (cf. Tito 2.6-8). Los niños necesitan ver que el amor entre sus padres es indisoluble y saber que ciertas miradas, caricias y palabras de afecto son apropiadas sólo entre esposos. Necesitan ver que la intimidad física sólo debe existir dentro del matrimonio, y que si llegan a participar en cualquier intimidad física prematuramente, esta clase de intimidad tendrá un impacto negativo en su futuro matrimonio. Y definitivamente no deben tener que sufrir las consecuencias de la confusión y el dolor que producen las relaciones desbaratadas y el pecado sexual entre los adultos que viven a su alrededor.

Por eso es tan importante que la Iglesia ocupe un lugar central en la vida familiar. Los niños deben tener la oportunidad de ver ejemplos vivientes de la pureza no sólo en sus padres sino también en todos los que los rodean, sean casados o solteros.

LA MEJOR PROTECCIÓN CONTRA EL PECADO ES EL AMOR

La pureza nunca se puede fomentar en un vacío. Nuestros niños y jóvenes necesitan llegar a tener un corazón dedicado a Jesús y a su causa de paz y justicia social. Cuando el corazón de los niños y jóvenes está lleno de Dios y late por su causa, ellos reaccionan instintivamente contra el mal. Cuando les enseñamos a reconocer las necesidades de los demás, anhelan demostrarles amor. Es totalmente errónea la idea de que los niños no tienen ninguna conciencia social, ninguna compasión por los afligidos y ningún interés por las injusticias o la culpabilidad de nuestro mundo, a menos que hayan sido criados en un ambiente artificial que gira alrededor de su propio placer y comodidad. Cuando los niños auténticos se encuentran cara a cara con las necesidades de los demás, o cuando ven a otros que muestran amor a los necesitados, sentirán un deseo profundo de encontrar una manera práctica de expresar su propio amor.

La mejor protección contra el pecado siempre es el amor. El amor reúne todas las virtudes en una unidad perfecta (cf. Colosenses 3.14). El amor es el mensaje que debemos dar a nuestros niños y jóvenes, y la manera más importante de hacerlo es demostrar amor en todo lo que nosotros mismos decimos y hacemos. Tantos jóvenes hoy sólo viven para sí mismos y por sus propios intereses. Trabajan arduamente para obtener buenas calificaciones, destacarse en los deportes o ganar el reconocimiento de una beca, todo lo cual es encomiable. Sin embargo, ¿a cuántos de ellos les importan sus vecinos o la necesidad del mundo a su alrededor? Debemos presentarles este desafío y animar a nuestros jóvenes a que convivan con los demás, sobre todo con otras personas de diferentes religiones y antecedentes.

A menudo los padres se preocupan por proteger a sus adolescentes, aislándolos de situaciones de impureza o violencia, sobre todo en las escuelas o la universidad. Sin embargo, quizás lo que más necesitan los adolescentes es exactamente lo opuesto: la oportunidad de adoptar una postura por sí mismos y dar testimonio de lo que creen ellos mismos, no sólo asentir a lo que digan sus padres.

Nuestros hijos necesitan desprenderse de sí mismos, y enterarse de lo que piensan y sienten otras personas de su época. Necesitan relacionarse con otros jóvenes de su misma edad e interesarse por los asuntos contemporáneos de mayor importancia, tanto sociales como políticos y económicos. Necesitan tener compasión por la desesperación de los que han caído en la drogadicción y el alcoholismo, y por los que sufren a causa de relaciones abusivas en el hogar. Sin la capacidad de entender y relacionarse con otras personas fuera de su propio círculo, no tendrán ninguna relación real con el mundo que los rodea, y nunca tendrán la oportunidad de poner a prueba sus propias convicciones.

Nunca criaremos hijos perfectos, pero creo firmemente que es posible criarlos en forma que respondan a nuestra guía y disciplina, a pesar de la terrible corrupción y las tinieblas de nuestra época (cf. Proverbios 22.6). Siempre que podamos mantener una relación de respeto y reverencia mutua, encontraremos el camino hacia adelante para con nuestros hijos. Será una lucha, a veces muy seria; sin embargo, siempre vale la pena luchar por el bien del alma de un hijo. Naturalmente, es posible que nuestros hijos crezcan y escojan un modo de vida diferente del que hubiéramos escogido para ellos. Sin embargo, si oramos a Jesús todos los días, pidiéndole su dirección, podemos confiar en que el Señor nos guiará tanto a nosotros como a ellos.

CAPÍTULO 13

PARA LOS QUE PIENSAN CASARSE

Ejercítate en la piedad. Los ejercicios corporales sirven para poco; en cambio, la piedad es provechosa para todo, pues tiene la promesa de la vida, de la presente y de la futura...Que nadie menosprecie tu juventud. Procura, en cambio, ser para los creyentes modelo en la palabra, en el comportamiento, en la caridad, en la fe, en la pureza (1 Timoteo 4.7-8, 12).

Es alarmante ver de qué modo accidental, y con qué egoísmo e ingenuidad, los jóvenes de hoy se lanzan a entablar relaciones y aun contraer matrimonio. Sin embargo, ¿cómo deben los jóvenes manejar la amistad y la atracción natural que se suscita entre ellos? ¿Cómo desea Dios que actúen en estas situaciones? ¿Cómo es posible que los jóvenes eviten el erotismo superficial de nuestros tiempos y encuentren relaciones amorosas que sean verdaderamente libres y naturales? Además, ¿cómo pueden prepararse mejor para asumir las responsabilidades y exigencias del matrimonio?

LA MANERA CONVENCIONAL DE SALIR EN PAREJA DEGRADA EL SIGNIFICADO DEL NOVIAZGO

Debemos estar felices cuando existe amistad entre hombres y mujeres jóvenes, y cuando hay oportunidades para que convivan sanamente en sus vidas cotidianas. No es normal que teman que pase algo malo entre ellos; eso sólo indicaría una falta de confianza. Los jóvenes necesitan tener oportunidades de relacionarse unos con otros en grupos donde puedan trabajar, compartir, cantar o descansar juntos. La formación de parejas o relaciones exclusivas está fuera de lugar y no es saludable: en la Iglesia, las parejas jóvenes deben llegar a conocerse primero como hermanos y hermanas. Deben tener la libertad de participar juntos en diversas actividades sin que esto dé lugar a chismes o especulaciones acerca de su amistad. La presión que causan tales comentarios impide la libertad y tergiversa y hace daño a todo lo que es bueno en una relación personal.

Es característico de la inmadurez de un joven «enamorarse» primero de una joven y luego de otra, tal como una abeja que va de flor en flor. Es natural el deseo de buscar «la pareja perfecta»; pero la Iglesia no puede tolerar la repetida formación y disolución de nuevas relaciones. Nunca está bien la actitud casual del hombre o de la mujer joven que cambia constantemente de novio o novia. Esta actitud endurece la conciencia y degrada el significado del compromiso. Las olas de atracción emocional que se producen en cada amistad entre un joven y una joven son perfectamente normales, pero si no se colocan bajo el dominio de Cristo, pueden dejar heridas que perdurarán para toda la vida.

Por esta razón, en nuestras comunidades rechazamos la manera usual en que suelen salir juntos las parejas jóvenes. Por la mayor parte, en nuestra sociedad «salir juntos» se ha convertido en un juego, en el rito de formar una pareja romántica basada sólo en la atracción física y emocional. Este rito se basa en una comprensión errónea de la amistad, y a menudo tiene muy poco que ver con el genuino amor o la fidelidad. En muchos casos, el salir juntos se centra en una preocupación exagerada por la «imagen» personal de uno. Y si se ha llegado al terreno del sexo, esta relación puede producir una conciencia agobiada que demorará muchos años en sanar.

La vanidad y superficialidad van de la mano con el modo convencional de salir juntos. Sucede lo mismo con el coqueteo, o sea dirigir la atención a uno mismo para atraer sexualmente al otro. El coqueteo demuestra una inseguridad e infelicidad profunda, y constituye una afrenta a Dios.

LOS SENTIMIENTOS MUTUOS NO SON SUFICIENTES PARA FORMAR UNA RELACIÓN DURADERA

¿Cómo puede un joven encontrar su pareja ideal? Para el cristiano el factor decisivo siempre debe ser la unidad de corazón y alma en el Espíritu. Ambas personas deben creer que su amistad los lleva a una relación más allegada con Jesús, porque sólo la voluntad del Señor puede unir a dos seres que fueron creados el uno para el otro. Sin Jesús y la unidad singular que Él imparte a dos personas, lo más probable es que una pareja no pueda sobreponerse a las tormentas y conflictos que surgen en cada matrimonio, sobre todo cuando tenga hijos.

Aun cuando la pareja joven esté segura que desea entablar una relación más seria, por ejemplo hacer un compromiso, los dos deben probar su amor por un tiempo, para ver si sólo existe el fuego impulsivo de la atracción romántica o si hay algo más profundo. Naturalmente sentirán un deseo emocional, pero eso nunca debe ser el factor decisivo al hacer un compromiso. La pregunta más importante que siempre debe hacerse cada persona es: «¿Cuál es la voluntad de Dios para mi vida y mi futuro?» Repito: la atracción física y emocional es natural, pero no constituye un fundamento suficiente para casarse ni para formar una familia. Una relación que se basa sólo en estos sentimientos es muy superficial y con el tiempo se desvanecerá. La única base segura es la fe en Jesús.

Si la fe es el fundamento sólido de un matrimonio cristiano, es lógico que cada persona debe hacer un compromiso con Cristo y con la Iglesia antes de comprometerse con otra persona. A este respecto es imposible enfatizar demasiado la importancia del bautismo. Como confesión del arrepentimiento por el pecado y como el pacto de una conciencia limpia delante de Dios, el bautismo es una de las mayores bendiciones que puede experimentar una persona. Aun puedo decir que, sin el bautismo, no existe ningún fundamento seguro para un matrimonio cristiano. Desde luego, nadie se debe bautizar tan sólo por su marido o mujer o por sus hijos (cf. Lucas 14.26); tampoco se debe mezclar el deseo por el bautismo con la idea de querer casarse con determinada persona. Si el bautismo va a tener su verdadero significado, debe representar el sello de una experiencia profunda de arrepentimiento, conversión y fe.

UNA RELACIÓN PERSONAL SANA REQUIERE TIEMPO Y ATENCIÓN

Jesús dice que no podemos servir a dos amos (cf. S. Mateo 6.24). Él nos enseña que si confiamos solamente en Dios, y confiamos en Él completamente, el Señor proveerá todas nuestras necesidades, incluyendo la de tener una persona a quien amar. «Buscad primero su reino y su justicia, y todas estas cosas os serán añadidas» (S. Mateo 6.33). Este consejo es importante no sólo para los que se encuentran obsesionados con la posibilidad del matrimonio, sino también para todos nosotros.

Yo nunca esperaría que un joven renunciara al matrimonio, como lo hizo el Apóstol Pablo; el llamado al celibato se tiene que sentir en lo más íntimo de una persona. Sin embargo, a menos que el matrimonio sea la voluntad de Dios (y a menudo es difícil discernirlo), cada uno de nosotros debe estar dispuesto a renunciarlo (cf. Filipenses 3.8). Cuando la luz de Jesús irrumpe en nuestra vida, encontramos la fortaleza para entregarnos a Él de manera tan radical que veremos todo lo demás con la perspectiva correcta.

En contraste con la idea comúnmente aceptada, que la relación más sana es la más privada, creemos que el compromiso y el matrimonio son asuntos que conciernen a toda la Iglesia, no sólo a las personas involucradas. Por lo tanto, cuando los jóvenes de nuestras comunidades se sienten atraídos mutuamente, primero hablan con sus padres y su pastor. Desde ese momento su relación queda bajo el cuidado de la Iglesia. Nuestros jóvenes no creen que este paso sea una imposición; tampoco creen que están siendo vigilados excesivamente. Al contrario, agradecen la posibilidad de tener una guía en un terreno en donde la inmadurez y la impureza producen gran tristeza en la vida de muchas personas.

Es esencial que una pareja que desee casarse en el temor de Dios se tome el tiempo para llegar a conocerse profundamente y descubrir todo lo que hay de Dios en cada uno. Una pareja puede encontrar muchas actividades sanas que dan oportunidad para conocerse bien: leer, ir de excursión, visitar a sus respectivas familias o participar juntos en un proyecto de servicio comunitario. También es bueno escribirse mutuamente para llegar a conocerse más a fondo. Al principio, debe ser una correspondencia sin compromiso, como de un hermano a una hermana y viceversa. Durante esta etapa no cabe mencionar ningún deseo relacionado con la atracción emocional ni la finalidad de estar juntos. Tales comentarios sólo servirían para impedir el discernimiento necesario que permita decidir si un compromiso futuro realmente representa la voluntad de Dios para ellos.

En nuestras comunidades animamos a que nuestras parejas jóvenes compartan sus cartas con sus padres o el ministro y les pidan consejo. Naturalmente esto no significa que nuestros pastores controlan la relación ni el resultado final, pero sí proporcionan consejos, apoyo y dirección espiritual. A este respecto cabe preguntar cuántos matrimonios se podrían salvar si las parejas jóvenes en todas partes tuvieran la humildad de recurrir a sus padres (u otra pareja mayor en quienes confían) para pedir sus consejos, aunque no fuera en esta forma específica.

De nuevo, una relación sana no se puede apurar. Tal como una flor, hay que dejar que la relación se abra cuando Dios lo disponga y no forzarla, esperando una flor prematura. Si un matrimonio va a durar, debe edificarse sobre un cimiento que haya sido puesto con mucho cuidado.

AL TOMAR LA DECISIÓN DE CASARSE, LO MÁS IMPORTANTE ES LA VOLUNTAD DE DIOS

La sinceridad es un aspecto fundamental de todas las relaciones personales verdaderas. Si los novios no creen que están acercándose el uno al otro y a Dios, deben decir la verdad al respecto. La Iglesia también debe querer a sus miembros lo suficiente para decirles la verdad. Debe ayudar a los miembros de una pareja para discernir si realmente fueron creados el uno para el otro y a considerar si su amistad está dando buenos frutos. Aun si no se ha hecho ninguna promesa, es doloroso terminar una relación personal. Sin embargo, es mejor tener un fin doloroso que sufrir el dolor sin fin de una relación no provechosa.

Cuando dos jóvenes, independientemente uno del otro, pero con los consejos de sus padres y el ministro, se sienten seguros *por un buen lapso de tiempo* que realmente desean vivir juntos para toda la vida, sólo entonces estarán listos para comprometerse. Luego, cuando sientan en lo más profundo de su corazón que verdaderamente están destinados el uno para el otro y que sólo Dios los ha guiado a tomar esa decisión, sólo entonces estarán verdaderamente listos para formar un lazo para toda la vida.

Cuando se hayan comprometido formalmente, la mayoría de las parejas desean participar de lleno en su amor y expresarlo activamente, dando y recibiendo. Sienten un deseo inmenso de darse felicidad y satisfacción mutuamente y están dispuestos a hacer cualquier cosa para lograrlo. Con mayor razón es importante que estas parejas se den cuenta de que las fuerzas del amor son mucho más fuertes que ellos mismos y deben pedirle fortaleza a Dios diariamente para poder disciplinarse.

Se deben evitar los largos abrazos, caricias, besos en la boca y cualquier otra actividad que pudiera llevar a la excitación sexual. Es natural que sientan un deseo de estar físicamente cerca uno del otro pero, en vez de concentrarse en este deseo, una pareja comprometida debe enfocarse en llegar a conocerse con mayor intimidad a un nivel espiritual y alentar el amor de cada uno hacia Jesús y la Iglesia.

Un matrimonio que principia con una conciencia agobiada por el pecado no confesado es un matrimonio que carece de un fundamento estable, y sólo se puede enderezar por medio de la confesión y el arrepentimiento. La salud de un matrimonio depende de la clase de tierra en donde está creciendo. Si está sembrado en la tierra de la pureza y la fe, dará buenos frutos y gozará de la bendición de Dios.

Traten de comprender el espíritu, no la letra, de lo que he escrito. Busquen y compartan lo más íntimo de sus corazones y acérquense a Cristo con plena confianza para encontrar su respuesta a todas las preguntas que ustedes tengan. Él nunca dejará de guiarlos con claridad.

CAPÍTULO 14

EL LLAMADO AL CELIBATO

Dícenle sus discípulos: «Si tal es la condición del hombre respecto de su mujer, no trae cuenta casarse.» Pero Él les dijo: «No todos entienden este lenguaje, sino aquellos a quienes se les ha concedido. Porque hay eunucos que nacieron así del seno materno, y hay eunucos hechos por los hombres, y hay eunucos que se hicieron tales a sí mismos por el Reino de los Cielos. Quien pueda entender, que entienda» (S. Mateo 19.10-12).

El don de la unidad, sea con otra persona o con Dios, no depende de ninguna manera de que uno sea casado. En realidad, el Nuevo Testamento nos enseña que se puede alcanzar una más profunda dedicación a Cristo, renunciando al matrimonio en bien del reino de Dios. Aquellos que renuncian a todo, incluso el don del matrimonio, para servir a Cristo, reciben una gran promesa de Él: Jesús estará muy cerca de ellos a su regreso (cf. Apocalipsis 14.1-5). Aunque tales personas se encuentren sin un cónyuge por el resto de su vida a causa del abandono, la muerte o falta de oportunidad, pueden encontrar un llamado muy superior al del matrimonio si deciden aceptar el estado de celibato en lo más profundo de su corazón. Pueden dedicar su vida de manera muy especial a un servicio sin reservas para el reino de Dios.

VIVIR PLENAMENTE SIGNIFICA VIVIR PARA CRISTO

Cada hombre y cada mujer que desea seguir a Cristo en esta tierra debe estar completamente transformado por Él. Este desafío cobra mayor significado para aquellos que son solteros (por cualquier razón) y que aceptan el celibato por amor a Cristo. Tal persona gozará de una relación especial con el Señor.

Una vida dedicada a Cristo es una vida de gran abundancia (cf. S. Juan 10.10). Nunca debemos olvidarnos de esto; es nuestro llamado más profundo. Si verdaderamente amamos a Cristo el Novio con un corazón enfocado únicamente en Él, estaremos sumergidos en el Señor de la misma manera en que estamos sumergidos en las aguas del bautismo. Si encontramos nuestra vida en Cristo, nuestro amor hacia Él encaminará nuestro amor hacia nuestros hermanos y hermanas y a todos los que nos rodean.

La historia de San Francisco de Asís y su amistad con Clara muestra de manera maravillosa el significado de un amor entre hermano y hermana, aun cuando no llegue al matrimonio. Cuando todos los hermanos y amigos de Francisco lo abandonaron, buscó a Clara. En ella encontró la amiga en quien podía confiar. Aun después de su muerte, ella permaneció fiel a él y siguió adelante con su misión, a pesar de la oposición. Esta relación no tenía nada que ver con el matrimonio, pero de todos modos era genuinamente íntima, una amistad de verdadera pureza y unidad en Dios.

Siempre existirán mujeres y hombres, como Clara y Francisco, que permanecen solteros por amor a Cristo. Sin embargo debemos reconocer que no todo el mundo recibe el don de una relación similar. Al luchar por la pureza, en la mayoría de los casos no hay diferencia entre solteros y casados. El celibato no es ninguna garantía contra la impureza; en cada corazón, la pureza requiere una vigilancia constante, una lucha diaria contra la carne y una actitud decisiva contra el pecado.

SI LE PERMITIMOS, JESÚS PUEDE LLENAR CUALQUIER VACÍO

Las Escrituras nunca nos prometen eliminar la tentación. Sin embargo, tenemos la seguridad de que no somos impotentes ante ella (cf. 1 Corintios 10.13). Si somos fieles y pacientes, Dios nos ayudará. Esto no significa que es posible mantenernos puros simplemente por fuerza de nuestra propia voluntad. Sin embargo, por el poder del Espíritu Santo y a través de la ayuda de hermanos y hermanas que nos quieren, podemos tener libertad y victoria (cf. Gálatas 6.1-2).

Para los que no encuentran una persona con quien casarse, pero que no sienten el llamado al celibato por amor a Cristo, existe el peligro de amargarse. Si el anhelo profundo de casarse permanece sin satisfacer, sobre todo a través de mucho tiempo, se puede endurecer el corazón. En este caso, sólo la gracia de Dios puede proteger el alma, y ayudar a que esa persona renuncie el deseo de casarse y al mismo tiempo encuentre la paz.

Cuando los solteros renuncian al matrimonio sin reservas, con todo su corazón, Jesús llena el vacío que de otra manera los agobiaría. Recordarán cómo el Señor terminó su vida terrenal en la cruz, y se regocijarán en su propia vida de celibato, viéndola como un sacrificio para Él. Los que constantemente anhelan el matrimonio, a pesar del hecho de que Dios no se lo ha concedido, nunca pueden alcanzar este gozo. El matrimonio en verdad *es* un gran don, pero pertenecer completamente y sin reservas a Cristo es un don aún superior.

Al fin y al cabo, debemos estar dispuestos a ser utilizados por Dios como Él lo desea, y estar contentos en cualquier circunstancia en que nos encontremos (cf. Filipenses 4.11-13). Nunca debemos pensar que Dios no nos ama. Ese pensamiento viene del diablo.

Naturalmente, no importa qué tan dedicada sea una persona soltera, siempre experimentará momentos, días, aun semanas de tristeza y lucha. Saber que el matrimonio y los hijos están fuera de su alcance para siempre causará tristeza y dolor y una gran sensación de pérdida. Sin embargo, en vez de pensar constantemente en estos aspectos, es mejor (aunque más difícil) mirar a Dios y buscar a nuestros hermanos y hermanas en la Iglesia. Bonhoeffer escribe:

> El dolor es un ángel santo que nos muestra tesoros que de otra manera se hubieran quedado escondidos. Mediante el dolor, hay hombres y mujeres que se han crecido más que si hubieran gozado de toda la alegría del mundo. Así tiene que ser y me lo repito constantemente, en mi condición actual. El dolor del sufrimiento y del anhelo, que a menudo se puede sentir hasta en lo físico, tiene que estar allí, y no podemos ni debemos ignorarlo. Sin embargo, hay que vencerlo cada vez que aparece, y por eso existe otro ángel aun más santo que el del dolor, o sea el ángel del gozo del Señor.[27]

EL CELIBATO SE PUEDE ACEPTAR COMO UNA CARGA, O COMO UN LLAMADO DE LO ALTO

Los solteros, tanto hombres como mujeres, nunca deben caer en la trampa de aislarse de la vida y del amor a causa de la amargura. No deben reprimir lo mejor que hay en ellos, ni pensar constantemente en sueños o anhelos que

[27] Dietrich Bonhoeffer, *The Martyred Christian: 160 Readings* (Nueva York: Collier Macmillan, 1985), pág. 170.

no se pueden satisfacer. No deben permitir que las fantasías egoístas interrumpan la realización de todo lo que Dios les ha encomendado. Si pueden aceptar el celibato como un llamado superior, no se desperdiciará nada de su energía ni de su amor. Sus anhelos serán satisfechos con el hecho de dar en un río de amor que brota de ellos mismos y fluye hacia Cristo y la Iglesia. Según dice San Pablo:

> El no casado se preocupará de las cosas del Señor, de cómo agradar al Señor. El casado se preocupa de las cosas del mundo, de cómo agradar a su mujer; está por lo tanto dividido. La mujer no casada, lo mismo que la doncella, se preocupa de las cosas del Señor, de ser santa en el cuerpo y en el espíritu. Mas la casada se preocupa de las cosas del mundo, de cómo agradar a su marido. Os digo esto para vuestro provecho, no para tenderos un lazo, sino para moveros a lo más digno y al trato asiduo con el Señor, sin división (1 Corintios 7.32-35).

En la misma carta, San Pablo se refiere a otra bendición del celibato: la falta de ansiedad y preocupación por un cónyuge o por los hijos, sobre todo en los tiempos difíciles. «Sin embargo, los que se casan tendrán que afrontar muchos problemas en esta vida, y yo quiero evitárselos» (1 Corintios 7.28).

Las viudas, como las solteras, también pueden servir a la Iglesia y a los necesitados en momentos en que no lo podía hacer una persona casada. San Pablo dice: «Mas la que en verdad es viuda y ha quedado sola, espera en Dios, y es diligente en súplicas y oraciones noche y día» (1 Timoteo 5.5). En la Iglesia primitiva de Jerusalén, las viudas eran asignadas para servir a los pobres o encomendadas para servir a la congregación en otras formas especiales. «Aun en la comunidad cristiana más pequeña, el anciano tenía que ser amigo de los pobres, y tenía que haber cuando menos una viuda responsable de asegurar, día y noche, que no se descuidara a ninguna persona enferma o necesitada.»[28]

¡Qué lástima que, hoy en día, a menudo son las viudas – y otros solteros y solteras – las que son descuidadas y solitarias! Ojalá que la Iglesia siempre estuviera dispuesta a satisfacer las necesidades de estas hermanas y hermanos (cf. 1 Corintios 12.26). Sobre todo con la desintegración de la familia, debemos encontrar nuevas formas de demostrarles más amor y atención a los solteros e involucrarlos en la vida de nuestras familias o grupos de compañerismo. Esto no significa que debamos presionarlos para que se casen y luego compadecernos de ellos si no logran hacerlo; eso sólo aumentaría su dolor. Significa acoger con cariño los dones y ministerios que ofrecen a la Iglesia, dándoles tareas importantes y envolviéndolos en la vida íntima de la Iglesia para que encuentren la satisfacción que necesitan.

NO IMPORTA CUÁL SEA NUESTRO ESTADO, TODOS SOMOS LLAMADOS A AMAR

Los que nos hemos casado debemos reconocer que nuestra felicidad es un don, algo que debe ser compartido y ofrecido a los demás. Debemos tener el deseo de acompañar a los que sufren emocionalmente a causa de la soledad. Y lo más importante, todos nosotros, seamos casados o solteros, debemos recordar que el gozo y la satisfacción verdadera se encuentran en servirnos mutuamente en un espíritu de comunidad. Somos llamados a un amor que da de sí incondicionalmente, no a un amor que se limita a los confines de su propio matrimonio ni que se compadece de sí mismo de manera débil y egoísta.

---

[28] Eberhard Arnold, *The Early Christians*, 4a ed. (Rifton, NY: Plough, 1997), pág. 15.

Como cristianos, sabemos que el amor verdadero se encuentra en su forma más perfecta en Jesús. Muchos de nosotros hemos sido tocados por Jesús, o hemos sido llamados y utilizados por Él. Sin embargo, eso no es suficiente. Cada uno de nosotros debe pedirle a Dios que nos permita tener un encuentro personal con Jesús, en lo más profundo de nuestro ser. Nuestros ojos deben estar fijados en Él, y sólo en Él, para que podamos verlo exactamente como es, y no cansarnos ni desmayar (cf. Hebreos 12.2-3).

La vida es corta, según nos advierte San Pablo, y el mundo en su forma actual va desapareciendo (cf. 1 Corintios 7.29-31). Lo que más necesitamos en nuestros tiempos es a Cristo, no sólo como guía o imagen delante de nuestros ojos. El Señor tiene que convertirse en una fuerza viviente en nuestra vida diaria. Él dijo: «He venido a traer fuego a la tierra, y ¡cómo quisiera que ya estuviera encendido!» (S. Lucas 12.49.)

¿En dónde se revela Cristo más claramente, tal como era y como es? Debemos buscarlo con nuestros hermanos y hermanas. Debemos pedir que Jesús se revele hoy y todos los días entre nosotros. Más que eso, debemos pedir el valor de testificar al Señor, tal y como es, delante de los demás. Y lo debemos hacer con ternura, gentileza y humildad, pero también con verdad, claridad y agudeza. No debemos agregar ni quitar nada. En eso consiste la esencia de una dedicación sin reservas y el llamado al celibato.

EL ESPÍRITU DE NUESTRA ÉPOCA

CAPÍTULO 15

CON DIOS O SIN DIOS

> Sed, pues, imitadores de Dios, como hijos queridos, y vivid en el amor, como Cristo os amó y se entregó por vosotros...La fornicación y toda impureza o codicia ni siquiera se mencione entre vosotros, como conviene a los santos. Lo mismo que la grosería, las necedades o las chocarrerías...Que nadie os engañe con vanas razones, pues por eso viene la cólera de Dios sobre los rebeldes (Efesios 5.1-6).

A través de las Escrituras, el pacto de Dios con su pueblo y la unidad de Cristo con su Iglesia se comparan al lazo del matrimonio. Sin embargo, en nuestra cultura, el matrimonio – que debemos precisamente honrar y celebrar como la mayor expresión del amor humano – ha sido atacado, arrastrado por los suelos y destruido por los espíritus de la impureza y la irreverencia.

EN LA ACTUALIDAD, PARA MUCHAS PERSONAS EL AMOR ES UNA DECEPCIÓN

La profanación del amor es una de las grandes tragedias de nuestros tiempos. Con cada vez mayor frecuencia, se cree que el amor es un simple deseo egoísta y que el cumplimiento de este deseo constituye la verdadera satisfacción en la vida. Todo el mundo habla de la liberación sexual, pero ahora más que nunca muchas personas se encuentran atrapadas y esclavizadas por sus propios deseos sexuales. Todo el mundo habla del verdadero amor, pero un número cada vez mayor de personas llevan una vida de enajenación egoísta. Nuestra época es una época sin amor: en todas partes se quebrantan relaciones y corazones, millones de vidas se desechan casi antes de principiar, miles de niños son maltratados o abandonados, y abunda el temor y la desconfianza aun en los matrimonios que se consideran sanos. El concepto del amor se ha reducido a una imagen del sexo descarado. Como consecuencia, para muchos el amor representa nada más que una decepción, una intimidad de corta duración seguida por un vacío lleno de inquietante angustia.

¿Cómo podemos volver a descubrir el verdadero significado del amor? Tantas cosas que ofrece el mundo actual están destruyendo nuestra creencia en un amor perdurable e incondicional. Actualmente, la mayoría de lo relacionado con «el amor» tiene que ver con la emoción y pasión de la lujuria. Vivimos en una sociedad obsesionada y enloquecida por el sexo y todo está contaminado: los anuncios, la literatura, la moda y los espectáculos. El matrimonio ha sido la primera baja: su significado ha sido tan distorsionado que se ha perdido su verdadero significado.

Desde luego, ninguna persona sincera puede echar la culpa de este problema a los medios de comunicación o alguna fuerza misteriosa en nuestra sociedad. Es cierto que los medios de comunicación han dañado y confundido a miles de personas y las han dejado endurecidas y desesperadas. Sin embargo, la culpa es de aquellos de nosotros cuyas almas están abrumadas con el pecado de nuestra propia lujuria, cuyos matrimonios se han desintegrado, cuyos hijos se han descarriado. No podemos ignorar nuestros propios delitos; debemos aceptar la responsabilidad por nuestras propias acciones, por todas las veces que hemos aceptado el espíritu de la impureza y facilitado la entrada de la maldad en nuestro propio corazón. Nos hemos burlado y divorciado de nuestro Creador, y hemos distorsionado la imagen de Dios. Debemos aprender a escuchar de nuevo el anhelo de lo más profundo de nuestro corazón, y arrepentirnos y volver a Dios.

Han pasado treinta años desde el principio de la revolución sexual y sus huellas devastadoras deben ser obvias a todo mundo: una epidemia de promiscuidad, un número cada vez mayor de embarazos y suicidios entre adolescentes; decenas de millones de abortos; la epidemia de enfermedades transmitidas sexualmente; el deterioro de la vida de familia y del hogar y el surgimiento de nuevas generaciones violentas. «Porque sembraron viento, y torbellino segarán» (Oseas 8.7).

En nuestros tiempos se exagera la importancia del sexo de manera excesiva. Ya sea en los estantes de libros, en tiendas populares o en las cajas de los supermercados, su significado se exagera de manera totalmente enfermiza. El amor entre un hombre y una mujer ya no se considera sagrado o noble: se ha convertido en un artículo de comercio en que se ve sólo el aspecto animal, como un impulso incontrolable que tiene que ser satisfecho.

Como arma de la revolución sexual, la educación sexual moderna es el principal responsable de toda esta situación. Se suponía que la educación sexual produciría la libertad, actitudes iluminadas, responsabilidad y seguridad. ¿No es obvio a estas alturas que ha sido un fracaso rotundo? ¿No hemos visto que los conocimientos intelectuales no proveen ninguna garantía, y que la educación sexual, según se ha enseñado en la mayoría de las escuelas, sólo ha servido para aumentar la actividad sexual?

LA VERDADERA EDUCACIÓN SEXUAL IMPARTE REVERENCIA

La mayoría de los padres saben muy poco, o quizás nada, de lo que se les está enseñando a sus hijos en las clases de educación sexual en las escuelas de este país. La educación sexual nunca se ha tratado como una simple presentación de hechos biológicos. En muchos cursos, los estudiantes reciben enseñanzas gráficas (a veces con películas) acerca de varias prácticas sexuales, incluyendo la masturbación, y acerca del «sexo seguro». En otros cursos se habla abierta y explícitamente de perversiones sexuales, que se presentan como maneras normales de encontrar la «satisfacción» sexual. En algunos distritos escolares se fomenta una comprensión y apreciación por el estilo de vida de los homosexuales: se les dice a nuestros hijos que es una alternativa perfectamente aceptable al matrimonio heterosexual. Algunas escuelas hasta usan métodos en donde los estudiantes se dividen en grupos de dos para hablar de temas como la estimulación erótica antes del acto sexual y el orgasmo. Se presentan a los antibióticos y el aborto como soluciones alternativas en caso de que fallen los anticonceptivos y los métodos del sexo seguro. En cuanto a la abstinencia, en muchas escuelas se hace mención sólo de paso, o bien se omite por completo. Según escribe William Bennett, antes Secretario de Educación de los Estados Unidos:

> Nuestra época se caracteriza por una crudeza, una dureza, un cinismo, una banalidad y una vulgaridad. Hay demasiadas evidencias de una civilización deteriorada. Y lo peor

> es que tiene que ver con nuestros hijos. Vivimos en una cultura que a veces parece estar casi dedicada a corromper a los pequeños, a asegurar la pérdida de su inocencia antes de tiempo.[29]

Por lo general, mucho de lo que se enseña ahora y lleva el nombre de «educación» sexual es un verdadero horror, y como cristianos debemos protestar contra ella. A menudo representa poco más que la enseñanza formalizada de la irreverencia, la impureza y la rebelión contra el plan de Dios.

La verdadera educación sexual, idealmente, tiene lugar entre el padre (o la madre) y su hijo (o hija), en un ambiente de reverencia y confianza. El método de educación sexual en que se utilizan imágenes anónimas e información impersonal sólo despertará el impulso sexual de un niño de manera prematura y, en su mente, hará una separación entre el concepto del sexo por una parte y el del amor y el compromiso por otra.

Obviamente, no hay que tener miedo de hablar libremente con nuestros propios hijos acerca de asuntos sexuales, sobre todo cuando son adolescentes. De otra manera aprenderán estos hechos primero de sus compañeros y rara vez en un ambiente de reverencia. De todos modos, puede ser peligroso compartir con un niño demasiados hechos biológicos acerca del sexo. A menudo, un enfoque meramente científico del sexo puede restarle el misterio divino a este acto tan importante.

Para los padres cristianos, la educación sexual significa guiar la conciencia sexual de sus hijos para que se den cuenta de su propia dignidad y la dignidad de los demás. Significa ayudarles a comprender que el placer egoísta, aun si «no hace daño» a otra persona, es contrario al amor (cf.

[29] *The Wall Street Journal*, 10 de diciembre de 1993.

Gálatas 5.13). Significa enseñarles que, separado de Dios, el acto sexual, o cualquier otra actividad sexual, agobia la conciencia y perjudica las relaciones sinceras. Significa hacerles ver el gran vacío que lleva a mucha gente – y que podría llevar a ellos mismos – a cometer un pecado sexual.

Los niños pueden adquirir una actitud positiva hacia su cuerpo y el sexo de manera natural, simplemente enseñándoles que su cuerpo, que es el templo del Espíritu, es sagrado, y que cualquier contaminación del mismo constituye el pecado. Nunca olvidaré una grata impresión que tuve cuando adolescente. Mi padre me invitó a salir a caminar con él y me habló de la lucha por una vida pura, y de la importancia de mantenerme puro para la mujer con quien pudiera llegar a casarme algún día. Me dijo: «Si puedes llevar una vida pura ahora, te será más fácil hacerlo por el resto de tu vida. Sin embargo, si cedes a la impureza personal ahora, se hará cada vez más difícil resistir la tentación, aun cuando te cases.»

EL MAL USO DEL SEXO NOS SEPARA DE NUESTRO SER VERDADERO Y DE LOS DEMÁS

Los jóvenes subestiman el poder de las fuerzas demoníacas a las cuales dan lugar cuando ceden ante la impureza; por ejemplo, la masturbación. Cuando los niños llegan a ser adolescentes, aumenta su deseo sexual y a menudo sienten la urgencia inmediata de buscar la satisfacción sexual mediante la masturbación. Cada vez más, los padres, maestros y pastores de nuestra época dicen que la masturbación es sana y natural, y que es normal la actividad sexual a la que a menudo conduce, aun entre niños que apenas han llegado a la pubertad.

¿Por qué nosotros, los padres y maestros, tenemos tanto miedo de decir la verdad, de advertir a nuestros hijos no sólo de los peligros de la promiscuidad sino también de la masturbación? (Cf. Proverbios 5.1 y sig.) ¿No son ambas enfermedades del alma? ¿No es cierto que ambas profanan y traicionan la imagen de Dios y debilitan el lazo matrimonial? La masturbación nunca puede traer verdadera satisfacción. Es un acto solitario. Es la autoestimulación, la autosatisfacción, el autoabuso; nos encierra en un mundo imaginario, y nos separa de las relaciones genuinas. Cuando llega a ser habitual (y en muchos casos es así) agrava nuestro aislamiento y nuestra soledad. En su peor manifestación, como lo es la violación del lazo de unidad y amor por el cual fue creado el sexo, se puede comparar con el adulterio. He aconsejado a muchos jóvenes que son esclavos de la masturbación, y que tienen grandes deseos de ser liberados de su hábito pero siguen cayendo en él constantemente.

A menudo la esclavitud a la masturbación se relaciona con otra forma de esclavitud: la pornografía. Muy pocas personas admitirán una adicción a la pornografía, pero el hecho de que es una industria de miles de millones de dólares, y que sigue creciendo constantemente, demuestra la magnitud del problema, también entre los «cristianos».

Muchas personas dicen que la pornografía no se debe criminalizar porque es un «crimen sin víctimas». Sin embargo, cualquier cosa que fomenta la impureza, aun en la forma de la excitación sexual solitaria, es un crimen porque profana el cuerpo humano, el cual fue creado a la imagen de Dios como un templo del alma (cf. 1 Corintios 6.19). Las llamadas diferencias que se mencionan regularmente entre la pornografía, la masturbación, los encuentros sexuales de una sola noche y la prostitución realmente constituyen un engaño. Todos estos actos se utilizan para lograr la satisfacción sexual sin la «carga» del compromiso. Todos desprestigian el misterio del sexo, convirtiéndolo en una técnica para satisfacer la lujuria. Y todos estos actos son vergonzosos; la manera clandestina en que se llevan a cabo lo demuestra más que cualquier otro hecho (cf. Romanos 13.12-13).

LA ORACIÓN Y CONFESIÓN NOS PUEDEN LIBERAR DE LA CARGA DE LA IMPUREZA

Nadie puede liberarse por sí mismo de la impureza ni de ningún otro pecado por su propia fuerza. La libertad viene mediante una actitud de pobreza espiritual, o sea humildad, mediante un acercamiento constante a Dios. Todos luchamos contra la tentación y siempre la tendremos con nosotros, pero el pecado se puede vencer por medio de la oración y la confesión.

Cuando bajamos nuestra guardia en la lucha por la pureza – cuando permitimos que nos venzan la pasión y la lujuria – corremos el riesgo de ir cayendo en la tentación. Entonces no podremos ahuyentar los malos espíritus que hemos dejado entrar, y será necesaria la intervención de Cristo mismo para darnos libertad. Sin esta ayuda, sólo nos quedará una desesperación y desolación cada vez más profundas.

En los casos más extremos, la desesperación producida por una vida secreta de impureza termina en el suicidio. El suicidio es el acto culminante de rebelión contra Dios. Sin embargo, nunca es la solución. Si nos encontramos en el abismo de la desesperación, la única solución radica en buscar a Dios y pedir su compasión y misericordia. Aun cuando nos encontremos al final de nuestros recursos, Dios nos dará una nueva esperanza y nuevo valor, no importa cuánto creemos que le hayamos traicionado. Dios siempre está dispuesto a perdonar todos los pecados (cf. 1 Juan 1.9); sólo tenemos que humillarnos y pedírselo. Cuando sabemos que una persona está tentada con la idea del suicidio, lo más importante que podemos hacer es mostrarle amor, recordarle que cada uno de nosotros fue creado por y para Dios y que cada uno de nosotros tiene un propósito que cumplir.

Cuando renunciamos al pecado y nos damos cuenta de que fuimos creados para Dios, siempre sentimos gran gozo ante esta revelación. Si nos acercamos a Dios fielmente durante nuestra vida aquí en la tierra, reconoceremos la verdadera magnitud de nuestra tarea maravillosa, la de recibir su amor y compartirlo con otros. No existe ningún llamado más maravilloso.

CAPÍTULO 16

¿DA VERGÜENZA AUN MENCIONAR?

Vivid como hijos de luz (pues el fruto de la luz consiste en toda bondad, justicia y verdad). Examinad qué es lo que agrada al Señor. No participéis en las obras infructuosas de las tinieblas, antes bien, denunciadlas. Cierto que ya sólo mencionar las cosas que se hacen ocultamente da vergüenza (Efesios 5.8-12).

En junio de 1995 un grupo oficial de la Iglesia Anglicana de Inglaterra recomendó que se dejara de usar la frase «vivir en pecado». El grupo dijo que se debe dar «aliento y apoyo» a las parejas no casadas – tanto heterosexuales como homosexuales – en su estilo de vida, y las congregaciones anglicanas deben dar una bienvenida más cálida a estas personas en sus iglesias. Sugiriendo que «las relaciones y actos homosexuales que se efectúen con cariño» tienen el mismo valor intrínseco que las relaciones heterosexuales, el grupo propuso que se debe permitir que el amor se exprese «dentro de una variedad de relaciones personales».[30] Aunque no nos sorprendería una declaración de este tipo en el mundo actual, nos escandaliza que la haya pronunciado una iglesia oficial.

[30] «Church report accepts cohabiting couples», *The Tablet*, 10 de junio de 1995.

AMAR AL PECADOR, PERO OPONERSE AL PECADO

Recientemente yo formé parte de un comité de padres y maestros de una escuela preparatoria local, y pude observar la fuerza que ha cobrado el movimiento para promover la aceptación de la homosexualidad, y cómo se ha insinuado en casi todos los aspectos de la vida pública de nuestra sociedad. El Comité de Asesoría sobre la Salud y Seguridad del distrito escolar tuvo tanto miedo de ofender a las familias con sólo uno de los padres, a los homosexuales y a las lesbianas, que casi se rehusó a definir la palabra «familia». Mucho menos pudo formular una postura sobre los llamados valores morales de la familia. Por fin, decidió definir a la «familia» como «dos personas con un compromiso mutuo».

Muchos políticos y un número cada vez mayor de pastores tienen miedo de decir cualquier palabra en contra de tal definición, porque temen perder el apoyo de los votantes o sus propios puestos. Muy pocos se atreven a hablar contra esta corriente y exclamar: «¡Ya basta!» Sin embargo, al rehusarse a definir el matrimonio como un pacto entre un hombre y una mujer, no sólo ponen en tela de duda toda la institución de la familia sino que también niegan rotundamente el orden divino de la creación. Dichas personas les están comunicando a nuestros hijos que cualquier relación vale exactamente lo mismo, y que un compromiso de toda la vida con un cónyuge del sexo opuesto representa sólo una de numerosas alternativas.

Algunos lectores pueden pensar que estoy a favor de la marginación de los homosexuales. Les aseguro que no. Todos somos pecadores y fallamos constantemente, y la Biblia no dice que la homosexualidad es un pecado mayor que todos los demás. Es pecado juzgar a una persona que lleva una vida de homosexualidad con mayor severidad que a cualquier otra persona que ha pecado, o mirarla con una actitud de condena. Sabemos de los Evangelios que ningún pecado sexual es tan terrible que no se pueda perdonar ni ser sanado (cf. Efesios 2.3-5). Sin embargo, sabemos que Jesús odia el pecado, aunque ama al pecador y desea redimirlo.

LA AFIRMACIÓN DE LA HOMOSEXUALIDAD NIEGA LA INTENCIÓN CREATIVA DE DIOS

La conducta homosexual es un pecado. Va «contra la naturaleza», contra el diseño creativo de Dios, y es una forma de adoración de uno mismo e idolatría (cf. Romanos 1.26). El acto sexual entre dos personas del mismo sexo es el pecado del que se dice que «se ha agravado en extremo» en Sodoma y Gomorra (cf. Génesis 18.20; 19.1-29).

En Levítico 18:22, Dios dice que el acto homosexual es una abominación: «No te echarás con varón como con mujer; es abominación.» Y en Levítico 20.13 leemos: «Si alguno se ayuntare con varón como con mujer, abominación hicieron; ambos han de ser muertos; sobre ellos será su sangre.» A las personas que desechan estas prohibiciones y advertencias, diciendo que «ya no estamos bajo la ley, sino bajo la gracia», quisiera pedir que me explicaran por qué no se puede ignorar el incesto, el adulterio, la bestialidad y el sacrificio humano. Todos estos actos se condenan en las oraciones que siguen en Levítico 18.23: «Ni con ningún animal tendrás ayuntamiento amancillándote con él, ni mujer alguna se pondrá delante de animal para ayuntarse con él; es perversión.»

El Nuevo Testamento también condena la homosexualidad. En Romanos 1.26-27, San Pablo escribe:

> Hasta sus mujeres invirtieron las relaciones naturales por otras contra la naturaleza. Asimismo los hombres, abonando el uso natural de la mujer, se abrasaron en deseos los unos por los otros. Cometieron la infamia de hombre con hombre, recibiendo en ellos mismos el pago merecido de su extravío.

Y en 1 Corintios 6.9-10 escribe San Pablo:

> ¿No saben que los injustos no heredarán el reino de Dios? ¡No se dejen engañar! Ni los impuros, ni los idólatras, ni los adúlteros, ni los afeminados, ni los que practican la homosexualidad...heredarán el reino de Dios.

Muchas personas reinterpretan estos pasajes bíblicos diciendo que sólo condenan la violación homosexual, la promiscuidad y la conducta homosexual lujuriosa o «no natural» de parte de personas heterosexuales. Dicen que lo que la Biblia condena es la conducta *ofensiva,* tanto homosexual como heterosexual. Sin embargo, ¿no está claro que, cuando San Pablo habla de «los que practican la homosexualidad», está hablando de la vergüenza de la homosexualidad en sí? Si sólo eran pecados los actos homosexuales «ofensivos», entonces, ¿qué hay de los otros pecados que menciona San Pablo en el mismo pasaje: el adulterio, la idolatría y otros pecados similares?

¿Cómo lo podría decir más claramente San Pablo que lo que dice en Romanos, donde expresa que la homosexualidad es una «pasión vergonzosa», «impureza sexual», y dice que lo hacían para «degradar sus cuerpos unos con otros?». ¿O sus palabras fuertes e inconfundibles contra el hecho de entregarse uno a la «perversión»? (Cf. Romanos 1.24-28.) Los actos homosexuales siempre son perversos porque siempre distorsionan el propósito de Dios para la creación. Es claro que la Biblia nunca defiende estos actos de ninguna manera. Y el caso es el mismo cuando estos actos ocurren dentro de una relación «amorosa» que dura toda la vida. Se podría decir que muchas relaciones extramaritales heterosexuales también son relaciones amorosas y de larga duración, pero esto no quiere decir que sean correctas.

En la actualidad las personas suelen quejarse de la injusticia de juzgar a los homosexuales por seguir una orientación o aun por un estilo de vida que no eligieron necesariamente. Sin embargo, este concepto simplemente constituye una excusa para practicar el pecado. No importa si los homosexuales son o no son responsables de su orientación sexual; eso no tiene nada que ver con calificar su conducta como buena o mala. Explicar la conducta es una cosa. Justificarla es algo completamente diferente.[31]

CUALQUIERA QUE SEA SU ORIGEN O CATEGORÍA, LA TENTACIÓN SEXUAL SE PUEDE VENCER

Los impulsos sexuales de un homosexual pueden ser muy poderosos, pero él no es el único que lucha con sus propias necesidades sexuales. Todos nosotros tenemos una tendencia «natural» a hacer lo que no debemos hacer. Sin embargo, si creemos en Dios, también debemos creer que Él nos puede dar la gracia para vencer cualquier tentación sexual indebida: «Mi gracia te basta, pues mi poder se perfecciona en la debilidad» (2 Corintios 12.9-10).

Al hablar contra la homosexualidad, siempre debemos recordar que, aunque las Escrituras condenan la conducta homosexual, nunca nos dan la libertad de condenar a las personas que siguen esa conducta. Es cierto que, como cristianos, no podemos justificar la negación de los derechos humanos básicos de ninguna persona y por ninguna

[31] Thomas E. Schmidt, *Straight and Narrow? Compassion and Clarity in the Homosexual Debate* (Downers Grove, IL: InterVarsity, 1995), pág. 131-159.

razón. Es demasiado fácil olvidar que la Biblia dice mucho más acerca de la soberbia, la avaricia, el resentimiento y la injusticia que de la homosexualidad. Sin embargo, siempre resistiremos a los planes de las personas que intentan redefinir la homosexualidad como un «estilo de vida alternativo» – sobre todo en cuanto a la legalización del matrimonio entre personas del mismo sexo – al igual que sus esfuerzos para obligar a que grupos religiosos acepten a homosexuales activos como miembros y aun pastores (cf. 1 Corintios 5.11).

Además es importante considerar la diferencia entre la tendencia u «orientación» homosexual y el hecho de llevar una vida de actividad homosexual. Mientras que la orientación homosexual puede ser resultado de influencias psicológicas, el ambiente social y quizás (según algunos científicos) la herencia genética, una vida de actividad homosexual es materia de elección deliberada. Si decimos que nuestra cultura, nuestra familia o nuestros genes han logrado impedir que escojamos entre el bien y el mal, estamos negando el concepto del libre albedrío.

Aun como orientación, la homosexualidad es una condición que tiene raíces muy profundas, y los que luchan contra ella merecen nuestra compasión y ayuda. Por lo tanto, siempre debemos estar dispuestos a recibir al hombre o a la mujer homosexual dentro de nuestro compañerismo, dándole apoyo con paciencia y amor, aunque también con la claridad de negarnos a tolerar una continuación del pecado sexual. Más que nada, debemos hablar con los que luchan contra una atracción a personas del mismo sexo, y ayudarles a recordar el plan original de Dios para la creación, y ayudarles a comprender que ni el hombre ni la mujer están verdaderamente completos sin el otro.

Ya sea que un homosexual, que está luchando contra su tendencia, ceda o no a la tentación, puede estar seguro de una verdad: si pone la mira fijamente en Cristo, podrá obtener ayuda y liberación; si está indeciso en lo más profundo de su corazón, aun los esfuerzos más valientes para resistir la tentación refrenarán su vida interior. La libertad perdurable sólo se encuentra cuando existe una determinación decisiva. Aun una mirada disimulada en la dirección de la perversión demuestra que una persona no se ha decidido; Jesús dice que esta actitud constituye adulterio del corazón.

A pesar de la propaganda de los activistas que promueven los derechos de los homosexuales, creemos que todos los hombres y todas las mujeres pueden encontrar verdadera libertad (cf. Gálatas 5.1).[32] Nadie debe decir que es fácil ganar la victoria. Es posible que no lo sea. Para cada persona que recibe una curación rápida, hay docenas de personas que tienen que luchar con tentaciones durante años, algunos por el resto de su vida. Sin embargo, ¿es realmente diferente esta lucha para el resto de nosotros? No creo que haya muchos cristianos que no han anhelado y rogado en sus oraciones ser liberados de algún pecado habitual, aparentemente sin ningún resultado. Sin embargo, nunca debemos dudar de que, ya que todos nosotros fuimos creados a la imagen de Dios, siempre tenemos la esperanza de recibir sanación y restauración cada uno de nosotros (cf. Hebreos 9.14). Por último, Cristo nos liberará si nos entregamos completamente a Él.

[32] En su libro, *Straight and Narrow?* pág.153-159 (véase pág. 117, nota 31), el autor Thomas Schmidt incluye información sobre varios programas y organizaciones para hombres y mujeres que buscan una salida de la vida homosexual.

AL ABANDONO DE DIOS LE SIGUEN LA VERGÜENZA Y LA OSCURIDAD

Hace menos de medio siglo, mucha gente consideraba que la homosexualidad era una perversión. En nuestra sociedad actual, sin embargo, ha llegado a ser aceptada como un estilo alternativo de vida. También es alarmante que cada vez haya mayor aceptación, sobre todo entre los hombres, de la bestialidad (actos sexuales con animales) y la pedofilia (actos sexuales con niños). Los padres cristianos no deben tener miedo de advertir a sus hijos acerca del horror de estas perversiones, porque aunque dice Jesús que «todos los pecados se pueden perdonar», mi experiencia, al aconsejar a hombres que han participado en tales prácticas, es que pueden dañar sus almas para siempre.

Otro pecado de igual gravedad es el transexualismo, que consiste en un cambio de sexo, de hombre a mujer o viceversa, mediante una intervención quirúrgica. Aunque no se conocía hace pocas décadas, este procedimiento impío está cobrando mayor popularidad en el mundo occidental. Solamente el enorme costo de estas cirugías constituye un crimen contra la humanidad, cuando uno piensa en el hambre y la pobreza del Tercer Mundo.

¿Qué pensará Dios de la falta de vergüenza de la actualidad? En el libro *Los Hermanos Karamazov,* el autor, Dostoyevsky, nos recuerda que, «si Dios no existe, todo es permisible». ¿No estamos viendo «todo» ahora? ¿Cuándo nos detendremos a considerar el espíritu aterrador de rebeldía que produce nuestro estado pecaminoso? Además, ¿cuándo recordaremos las advertencias de Dios por su ira contra los pecadores en los últimos tiempos? Recordemos las palabras de San Pablo: «Lo que el hombre sembrare, eso también segará.» Pidámosle a Dios la misericordia de su juicio antes de que sea demasiado tarde. Pidámosle que sacuda nuestras conciencias endurecidas, que nos limpie y que nos dé nueva vida.

> La noche está avanzada. El día se avecina. Despojémonos, pues, de las obras de las tinieblas y revistámonos de las armas de la luz. Como en pleno día, procedamos con decoro; nada de comilonas y borracheras; nada de lujurias y desenfrenos; nada de rivalidades y envidias. Revestíos más bien del Señor Jesucristo y no os preocupéis de la carne para satisfacer sus concupiscencias (Romanos 13.12-14).

CAPÍTULO 17

LA GUERRA CLANDESTINA

Sí, tú del vientre me sacaste, me diste confianza a los pechos de mi madre. A ti fui entregado cuando salí del seno; desde el vientre de mi madre, eres tú mi Dios. No andes lejos de mí, que la angustia está cerca; no hay para mí socorro (Salmo 22.9-11).

Hace casi setenta años, como respuesta a la idea de la planificación de la familia «moderna», escribió Eberhard Arnold: «En nuestras familias esperamos tener tantos hijos como Dios desee darnos. Alabamos el poder creativo de Dios, y recibimos las familias numerosas con gusto y como uno de sus grandes regalos.»[33]

¿Qué diría Arnold hoy, en una época en que la anticoncepción es lo más normal, y millones de niños antes de nacer se asesinan legalmente todos los años? ¿Dónde está el gozo que debemos sentir por los niños y la vida de familia? ¿Y nuestra gratitud por los regalos de Dios? ¿Dónde está nuestra reverencia por la vida y nuestra compasión por los que menos pueden defenderse? Jesús dice claramente que nadie puede entrar al reino de los cielos a menos que se vuelva como niño.

[33] Eberhard Arnold, *God's Revolution,* 2a ed. (Farmington, PA: Plough, 1997), pág. 135.

SEXO, SIN CONTEMPLACIÓN DEL DON DE LA VIDA, ES UN ERROR

El espíritu de nuestra época está diametralmente opuesto, no sólo a un espíritu infantil sencillo sino también a los niños mismos. Se puede ver un espíritu de muerte en todos los aspectos de la sociedad moderna: en el aumento de los incidentes de homicidio y suicidio, en la violencia doméstica en todas partes, en el aborto, en la pena de muerte y aun en la eutanasia. Parece que nuestra cultura está empeñada en seguir un camino de muerte, en apoderarse del dominio que realmente pertenece a Dios. Y el gobierno no es el único culpable.

¿Cuántas iglesias justifican el asesinato de niños no nacidos bajo el pretexto de apoyar los derechos de la mujer? La «liberación» sexual de nuestra sociedad ha sembrado una enorme destrucción. Es una falsa liberación basada en la búsqueda egoísta de satisfacción y placer. En esta liberación se ignora completamente la disciplina, la responsabilidad y la verdadera libertad que ellas pueden producir. En las palabras de Stanley Hauerwas, esta liberación refleja «una profunda desconfianza en que tengamos algo de valor para legarlo a una nueva generación...Estamos legando nuestras muertes».[34]

Está claro que a la gran mayoría de la gente en la actualidad no le remuerde la conciencia cuando se evita o se destruye la vida de un ser pequeñito. Los niños, que en otros tiempos se consideraban como la mayor bendición de Dios, ahora se consideran sólo en relación con el factor económico: constituyen una «carga» o una «amenaza» a la libertad y felicidad de un individuo.

En un verdadero matrimonio, existe una relación íntima entre el amor de los esposos y el de una nueva vida (cf.

[34] Stanley Hauerwas, *Unleashing the Scripture: Freeing the Bible from Captivity to America* (Nashville: Abingdon, 1993), pág. 131.

Malaquías 2.15). Cuando un hombre y una mujer se vuelven una sola carne, siempre deben reconocer reverentemente que esta unión puede producir una nueva vida. De esta manera el acto matrimonial se convierte en una expresión del amor creativo, en un pacto que contribuye a la vida. Sin embargo, ¿cuántas parejas en la actualidad tienen este concepto del sexo? Para la mayoría, la píldora ha convertido al sexo en un acto casual, sin ninguna responsabilidad y supuestamente sin ninguna consecuencia.

Como cristianos, debemos estar dispuestos a declararnos públicamente en contra de la mentalidad anticonceptiva que ha infectado nuestra sociedad. Es erróneo experimentar el placer sexual como un fin en sí mismo, sin considerar el regalo de la vida. Evitar la llegada de un hijo por cualquier razón constituye un desprecio tanto del regalo como del Dador (cf. Job 1.21). Cuando se utilizan de manera egoísta, todas las medidas anticonceptivas, incluyendo el «método del ritmo», y sobre todo las intervenciones quirúrgicas, son censurables. Ésta es una verdad que se aplica incluso a la planificación natural de la familia, a menos que exista una buena razón para no tener hijos. La anticoncepción disminuye la satisfacción y fecundidad de dos seres que son una sola carne, y por lo tanto nos debe resultar muy ofensiva cuando se utiliza para evitar constantemente la responsabilidad de tener hijos.

Desde luego, siempre se debe considerar la salud y el bienestar de la madre. A veces se producen situaciones que sólo se pueden afrontar con la oración sincera y un profundo examen de conciencia. Y ¿qué hacer en el caso de una madre que no puede soportar física o emocionalmente otro embarazo? O ¿qué debe hacer una pareja cuando es necesario evitar el embarazo por causas médicas, o cuando podría causar la muerte de la madre? Por más difíciles que sean estas preguntas, creo que se pueden contestar apropiadamente, sobre todo si la pareja está dispuesta a buscar el consejo de ancianos de confianza de la iglesia para poder afrontar la situación con el amor y el apoyo de otras personas. Dios quiera que se encuentre la respuesta correcta en cada una de estas situaciones.

Si es imprescindible tomar una medida drástica, el esposo y la esposa son los que deben hacer la decisión final. Ellos son los únicos responsables ante Dios. En tal momento, es sumamente importante que busquen a Dios juntos en oración, para hacerle ver su inseguridad y sus necesidades, con fe (cf. S. Mateo 7.7-8). Si estamos abiertos a la dirección de Dios en todas las situaciones, estoy seguro que Él nos mostrará el camino adecuado. No creo que sea necesario decir nada más al respecto.

Desde luego, lo que nos debe interesar más no es el dilema excepcional de carácter moral que rara vez sucede, sino más bien el espíritu penetrante de la muerte que resiste la entrada de una nueva vida en tantos hogares. Hay una guerra clandestina en todas partes de nuestra sociedad actual, una guerra contra la vida. Tantas almas pequeñas esperan en vano ser llamadas de la eternidad para venir a la tierra. Y entre los niños que logran evadir los métodos anticonceptivos, ¡cuántos son destruidos despiadadamente por el aborto!

EL ABORTO DE UN NIÑO CONSTITUYE UNA BURLA A DIOS

La frecuencia del aborto en nuestra sociedad es tan elevada que la matanza de los inocentes de parte de Herodes parece ser un delito menor. El aborto equivale al homicidio; no hay ninguna excepción. Si la hubiera, el mensaje de los Evangelios sería inconsistente y sin significado. Aun el Antiguo Testamento dice claramente que Dios odia el derramamiento de sangre inocente (cf. Proverbios 6.17). El aborto destruye la vida y hace burla a Dios, en cuya imagen fue creado cada niño no nacido.

Tanto el Antiguo como el Nuevo Testamento contienen numerosos pasajes que hablan de la presencia activa de Dios en cada vida humana, aun cuando esté formándose en el vientre. En Génesis 4.1, después de que Eva hubiera concebido y dado a luz a Caín, dice ella: «Por voluntad de Jehová he adquirido varón.» No dice por voluntad de Adán, sino «por voluntad de Jehová».

En el Salmo 139 leemos:

> Porque tú formaste mis entrañas; tú me hiciste en el vientre de mi madre. Te alabaré; porque formidables, maravillosas son tus obras; estoy maravillado, y mi alma lo sabe muy bien. No fue encubierto de ti mi cuerpo, bien que en oculto fui formado, y entretejido en lo más profundo de la tierra. Mi embrión vieron tus ojos, y en tu libro estaban escritas todas aquellas cosas que fueron luego formadas, sin faltar una de ellas (Salmo 139.13-16).

Job exclama: «El que en el vientre me hizo a mí, ¿no lo hizo a él? ¿Y no nos dispuso uno mismo en la matriz?» (Job 31.15.)

Y Dios le dijo al profeta Jeremías: «Antes que te formase en el vientre te conocí, y antes que nacieses te santifiqué, te di por profeta a las naciones» (Jeremías 1.5).

También leemos que los no nacidos son llamados por Dios antes de nacer (cf. Gálatas 1.15), y que sus dones singulares son profetizados cuando aun están en el vientre de su madre (cf. Isaías 49.1-5). Quizás uno de los pasajes más maravillosos acerca de un niño no nacido se encuentra en San Lucas, donde leemos:

> Y aconteció que cuando oyó Isabel el saludo de María, saltó de gozo el niño en su seno; e Isabel quedó llena del Espíritu Santo, y exclamando a gran voz, dijo: Bendita tú entre las mujeres, y bendito el fruto de tu vientre. ¿De dónde a mí esto, que la madre de mi Señor venga a mí? Porque apenas llegó a mis oídos la voz de tu salutación, saltó de gozo el niño en mi seno (S. Lucas 1.41-44).

En este pasaje un niño no nacido, Juan el Bautista, el precursor de Jesús, saltó en el vientre de Isabel al reconocer a Jesús, que había sido concebido sólo una semana o quince días antes. Dos niños no nacidos: uno capaz de responder al Espíritu Santo, y el otro – nada menos que Jesucristo mismo – concebido por el Espíritu Santo (cf. S. Mateo 1.20-21).

Es claro que es completamente falsa la idea de que una nueva vida comienza a existir simplemente como resultado de una causa física o biológica. Dios es el que actúa al crear la vida en el vientre (cf. Salmo 71.6). El aborto siempre destruye este acto.

Por eso la Iglesia primitiva siempre rechazaba el aborto y lo llamaba infanticidio. La *Didache*, el catecismo más antiguo (100 E. C.) para nuevos convertidos al cristianismo, lo expone sin lugar a dudas: «No matarás a un niño por medio del aborto.» Y Clemente de Alejandría hasta dice que los que participan en el aborto, «pierden completamente su propia humanidad junto con el feto».[35]

¿Dónde está la claridad de la Iglesia actual? Aun entre los llamados cristianos, la batalla de crueldad y muerte contra los inocentes no nacidos se ha convertido en un asunto común; sus horrores espantosos y técnicas brutales se esconden detrás de la máscara de la medicina y de la ley, y hasta se «justifican» por todas las circunstancias imaginables.

---

[35] Michael J. Gorman, *Abortion and the Early Church: Christian, Jewish, and Pagan Attitudes in the Greco-Roman World.* (Nueva York: Paulist, 1982), pág. 47-62.

¿QUIÉNES SOMOS NOSOTROS PARA DECIDIR SI UNA VIDA ES DESEABLE O NO?

Yo sé que no es popular decir que el aborto es homicidio. Sé que se va a decir que no estoy viviendo en la realidad; que aun ciertos teólogos cristianos justifican el aborto, cuando menos bajo algunas circunstancias. Sin embargo, yo creo que Dios nunca lo permite. Su ley es la ley del amor. Permanece para siempre, a pesar de los tiempos y las circunstancias cambiantes: «No matarás.»

La vida humana es sagrada desde la concepción hasta la muerte. Si realmente creemos esto, nunca podremos aceptar el aborto por ningún motivo; aun los argumentos más convincentes acerca de la «calidad de vida» o la deformidad severa, sea física o mental, no podrán hacernos cambiar de opinión. ¿Quiénes somos nosotros para decidir si un alma debe nacer o no? En el plan de Dios, las personas con incapacidades físicas o mentales pueden ser valiosas para la gloria de Dios (cf. Juan 9.1-3). «¿Quién dio la boca al hombre? ¿O quién hizo al mudo y al sordo, al que ve y al ciego? ¿No soy yo, Jehová?» (Éxodo 4.11.)

¿Cómo podemos atrevernos a juzgar quién es deseable y quién no lo es? Los crímenes del Tercer Reich, en donde los «buenos» bebés nórdicos fueron criados en guarderías especiales, mientras que los bebés, niños y adultos retrasados fueron mandados a la cámara de gas, deben demostrar el gran peligro que corremos con esta actitud. Según escribe Dietrich Bonhoeffer: «Cualquier intento de hacer una distinción – entre una vida que vale la pena vivir, y una vida que no vale la pena vivir – tarde o temprano destruirá la vida misma.»[36]

Aun cuando peligra la vida de una madre embarazada, el aborto nunca es la solución correcta. A los ojos de Dios,

---

[36] *Ethics*, op. cit., pág. 164.

vale lo mismo la vida de un niño no nacido como la vida de la madre. Hacer el mal para causar el bien sería usurpar la sabiduría de Dios (cf. Romanos 3.5-8). Frente a situaciones agonizantes como éstas, una pareja debe buscar el consejo de los ancianos de la Iglesia:

> ¿Sufre alguno de vosotros? Que ore. ¿Está alguno alegre? Que cante alabanzas. ¿Está enfermo alguno? Llame a los presbíteros de la Iglesia para que oren sobre él y lo unjan con óleo en el nombre del Señor. Y la oración de fe sanará al enfermo; el Señor hará que se levante. Y si hubiera cometido pecados, le serán perdonados (Santiago 5.13-15).

Hay gran poder en la oración de una Iglesia unida y en creer que se puede cumplir la voluntad de Dios tanto para la vida de una madre como para la de su niño no nacido. Al final – y lo digo temblando – esto es lo más importante.

DEBEMOS OFRECER ALTERNATIVAS, NO UNA CONDENA MORAL

Como cristianos, no podemos exigir que simplemente se acabe el aborto sin ofrecer una alternativa positiva. Escribe Eberhard Arnold:

> Los filósofos de la moralidad pueden exigir que la vida sexual se purifique, insistiendo en la pureza antes y durante el matrimonio. Sin embargo, aun los mejores de ellos son insinceros e injustos a menos que expongan claramente la justificación verdadera de estas exigencias rigurosas. Aun el concepto de la destrucción de una vida incipiente, una matanza de los Inocentes intensificada mil veces en la actualidad, se mantiene irrebatible cuando las personas no creen en el reino de Dios. La cultura supuestamente avanzada de nuestros tiempos seguirá llevando a cabo

> esta matanza mientras duren el desorden social y la injusticia. No se puede combatir el aborto mientras que no haya cambios en la vida pública y privada de nuestra sociedad.
>
> Si deseamos luchar contra el materialismo y el engaño y la injusticia de las distinciones sociales, debemos combatirlos de manera práctica, demostrando que no sólo es factible llevar otra clase de vida, sino que ya existe en la realidad. En caso contrario, no podemos exigir ni la pureza en el matrimonio, ni que se acabe el aborto; no podemos desear que aun las familias de mejor voluntad sean bendecidas con la gran cantidad de niños destinados por los poderes creativos de Dios.[37]

La Iglesia ha fracasado rotundamente a este respecto. Hay muchas madres adolescentes que confrontan esta pregunta diariamente, y sin embargo no reciben ninguna guía espiritual ni ningún apoyo emocional o económico. Muchas creen que no tienen otra alternativa fuera del aborto: han sido víctimas del abuso sexual; o tienen miedo de un novio enojado; o sus padres las han presionado, diciendo que no pueden regresar a casa si tienen al niño. En la actualidad, a muy pocas jóvenes se les han ofrecido alternativas viables y casi ninguna ha tenido la oportunidad de conocer a Dios, que es el único que puede responder a su necesidad.

Al hablar en contra del aborto, no debemos olvidar que existen muy pocos pecados que causan más dolor o angustia en el alma. Una mujer que ha tenido un aborto sufre con una conciencia atormentada, y su dolor interminable sólo puede ser sanado en la cruz, sólo al encontrar a Cristo. Los cristianos deben sentir el dolor insoportable que llevan tantas mujeres en su corazón por sus hijos perdidos. ¿Quién de nosotros puede tirar la primera piedra? (Cf. S.

[37] *Inner Land*, op. cit., pág. 116-117.

Juan 8.7.) ¡Ay de nosotros, si llegamos a tratar con frialdad a una mujer que ha tenido un aborto!

Dios ama al niño no nacido de manera muy especial. Al fin y al cabo, Él nos mandó a su único hijo, Jesús, a la tierra en forma de un bebé, a través del vientre de una madre. Según señala la Madre Teresa, aun si una madre se pone en contra de su hijo no nacido, Dios no lo olvidará. Él ha esculpido a cada niño en la palma de su mano y tiene un plan para cada vida, no sólo en la tierra sino también en la eternidad. A los que quieren impedir el plan de Dios, decimos junto con la Madre Teresa: «Por favor, no maten al niño. Yo quiero el niño. Por favor, denme el niño a mí».

CAPÍTULO 18

EL DILEMA DEL DIVORCIO Y SEGUNDO CASAMIENTO

Todo el que repudia a su mujer y se casa con otra, comete adulterio; y el que se casa con una repudiada por su marido, comete adulterio (S. Lucas 16.18).

Es posible que la cuestión del divorcio y el derecho a volver a casarse sea el dilema más difícil que afronta la Iglesia cristiana de nuestros tiempos. Es cada vez más difícil encontrar parejas que toman en serio las palabras: «Lo que Dios ha unido, que no lo separe el hombre», o sea parejas que creen que el matrimonio significa la fidelidad entre marido y mujer hasta que la muerte los separe (cf. S. Mateo 19.6).

SE PUEDE ROMPER EL LAZO MATRIMONIAL, PERO NUNCA SE PUEDE DISOLVER

La mayoría de los cristianos en la actualidad creen que el hecho de divorciarse y volver a casarse es permisible tanto moral como bíblicamente. Dicen que, aunque Dios odia el divorcio, lo permite como concesión a nuestra condición pecaminosa. Explican que, a causa de la dureza de nuestro corazón, los matrimonios pueden «morir» o disolverse. Es decir, Dios reconoce nuestras flaquezas y acepta el hecho de que, en un mundo caído, no siempre se puede lograr la situación ideal. A través del perdón de Dios, siempre es posible comenzar de nuevo, aun con un nuevo matrimonio.

Sin embargo, ¿qué sucede con la promesa de unión que los cónyuges han hecho, tal vez sin darse cuenta, ante Dios? ¿Significa el perdón de Dios que podemos negar esa promesa? ¿Permite Dios la infidelidad alguna vez ? Así como la unidad de la Iglesia es eterna e inmutable, así también el matrimonio refleja esta unidad y es indisoluble. Al igual que los cristianos del primer siglo, creo que mientras vivan los dos que hayan formado un matrimonio, ninguno de los dos puede volver a casarse después de divorciarse. La pareja que Dios ha juntado en la unidad del Espíritu se mantiene unida hasta que la muerte la separe. La infidelidad, de parte de uno o los dos cónyuges, no puede cambiar este hecho. Ningún cristiano tiene la libertad de casarse con otra persona mientras viva aquella con quien se había casado antes. Va de por medio el vínculo de la unidad.

Jesús dijo claramente que fue a causa de la dureza del corazón que Moisés, bajo la ley, permitió el divorcio (cf. S. Mateo 19.8). Sin embargo, entre sus discípulos, los que habían nacido del Espíritu, la dureza del corazón ya no constituye una excusa válida. Moisés dijo: «El que se divorcia de su esposa debe darle un certificado de divorcio». Sin embargo, dijo Jesús: «...todo el que se divorcia de su esposa, excepto por motivo de infidelidad conyugal, la induce a cometer adulterio, y el que se casa con la divorciada comete adulterio» (S. Mateo 5.31-32). Los discípulos comprendieron claramente esta palabra decisiva de Jesús: «Si ése es el caso entre esposo y esposa, es preferible no casarse» (S. Mateo 19.10). Moisés permitió el divorcio por pura necesidad, pero eso no cambia el hecho de que desde el inicio el matrimonio fue creado para ser indisoluble. Un matrimonio no puede ser disuelto (aun si el lazo ha sido roto), ni por el esposo que abandona a su esposa adúltera, ni por la esposa que abandona a su marido adúltero. El orden de Dios no puede ser anulado tan fácilmente ni tan a la ligera.[38]

San Pablo escribe con la misma claridad a los Corintios:

> A los casados les ordeno no yo sino el Señor: que la mujer no se separe del marido. Sin embargo, si se separa, que no vuelva a casarse o que se reconcilie con su marido. Y que el marido no despida a su mujer (1 Corintios 7.10-11).

También escribe el Apóstol: «La mujer está ligada a su esposo mientras él viva; pero si muere el esposo, ella queda libre para casarse con quien quiera, con tal que él pertenezca al Señor (1 Corintios 7.39). Y en Romanos dice: «Si se casa con otro hombre mientras vive su esposo, será considerada adúltera» (Romanos 7.3).

Ya que el adulterio es una traición de la unión misteriosa entre un hombre y una mujer que son una sola carne, es un engaño de lo más abominable. El adulterio siempre debe ser confrontado claramente por la Iglesia, y el adúltero debe ser llamado al arrepentimiento y recibir disciplina (cf. 1 Corintios 5.1-5).

[38] Si no se justifican el divorcio y las segundas nupcias, entonces ¿por qué permitió Jesús la infidelidad como una excepción (S. Mateo 5.32 y 19.9)? Sin entrar en detalles, pueden destacarse dos aspectos: Primero, bajo la ley judía en tiempos de Jesús, se exigía al esposo divorciarse de la esposa adúltera (por ejemplo, S. Mateo 1.19). De modo que, en San Mateo 5.32, Jesús declara que un hombre que se divorcia de una mujer infiel (tal como lo exige la ley) se desliga mediante este acto de su responsabilidad por la infidelidad de su mujer. En cualquier otra clase de divorcio, sería el esposo el culpable, o sea, el adúltero. Por lo tanto, según S. Mateo 19.9, se debe interpretar la excepción referente a la infidelidad matrimonial como aplicable únicamente al divorcio y no a las segundas nupcias.

LA RESPUESTA A UN VÍNCULO ROTO ES LA FIDELIDAD Y EL AMOR

Aun si Jesús permite el divorcio por razones de fornicación o adulterio, nunca debe ser el resultado inevitable ni una excusa para volver a casarse. El amor de Jesús reconcilia y perdona. Los que buscan un divorcio siempre se quedarán con una mancha de amargura en la conciencia. No importa cuánto dolor emocional haya causado un cónyuge adúltero, el cónyuge herido debe estar dispuesto a perdonar. Sólo podemos recibir el perdón de Dios para nosotros si estamos dispuestos a perdonar a otros (cf. S. Mateo 6.14-15). El amor fiel es la única solución para un vínculo roto.

Ha sucedido varias veces en nuestras comunidades que un cónyuge casado ha sido infiel a Cristo y a la Iglesia, nos ha abandonado y después se ha divorciado de su cónyuge y se ha vuelto a casar. Casi siempre, el cónyuge abandonado ha decidido quedarse en la Iglesia, fiel a sus votos como miembro y sus votos de matrimonio. Aunque haya sido muy difícil tomar esta decisión, y más aun cuando se tienen hijos, sin embargo representa parte de la ofrenda del discípulo. Si creemos en Dios, Él nos dará la fortaleza para mantenernos firmes.

En todas las ceremonias de bodas de nuestras comunidades, se le pregunta a la pareja:

> Mi hermano, ¿promete nunca seguir a su esposa? y, mi hermana, ¿promete nunca seguir a su esposo, en lo que es malo? Si uno de ustedes se alejara del camino de Jesús y quisiera abandonar la Iglesia y el servicio de Dios en unión con la comunidad, ¿promete siempre colocar su fe en nuestro Maestro, Jesús de Nazaret, y la unidad en su Espíritu Santo, por encima de su matrimonio, y también cuando sean confrontados por las autoridades del gobierno? Les

> pregunto esto, sabiendo que un matrimonio está construido sobre la arena si no está construido sobre la roca de la fe, la fe en Jesús el Cristo.

Aunque esta pregunta pueda parecer muy dura para algunos, contiene una gran sabiduría. En cierto sentido, simplemente nos recuerda las alternativas que tiene por delante cualquier persona que dice ser discípulo: ¿Estamos listos para seguir a Jesús sin importarnos el costo? El Señor mismo nos advirtió: «Si alguno viene a mí y no sacrifica el amor a su padre y a su madre, a su esposa y a sus hijos, a sus hermanos y a sus hermanas, y aun a su propia vida, no puede ser mi discípulo» (S. Lucas 14.26).

Si una pareja toma en serio esta advertencia, puede causar una separación, pero la santidad de su vínculo matrimonial en realidad se protegerá. No estamos hablando sólo del matrimonio como tal, sino del vínculo más profundo entre dos personas unidas en Cristo y en su Espíritu Santo (cf. 1 Corintios 7.15-16). Cuando un hombre o una mujer se mantienen fieles a su cónyuge, a pesar de cualquier infidelidad de parte del otro, representa un testimonio de esta unidad. La fidelidad a Dios y su Iglesia siempre puede engendrar un nuevo compromiso y una nueva esperanza. Hemos observado más de una vez que la fidelidad de un cónyuge creyente ha llevado al cónyuge incrédulo de nuevo a Jesús, de nuevo a la Iglesia y de nuevo al matrimonio.

LA VERDADERA FIDELIDAD SIGNIFICA MÁS QUE SIMPLEMENTE ABSTENERSE DEL ADULTERIO

Aunque Dios odia el divorcio, también juzgará a los matrimonios fracasados o donde ya no hay amor, lo que debe ser una advertencia para todos nosotros. ¿Cuántos de nosotros nos hemos comportado de manera dura y fría con nuestros cónyuges en un momento u otro? ¿Cuántos miles de parejas simplemente llevan una vida de coexistencia en vez de amarse mutuamente? La verdadera fidelidad significa más que simplemente abstenerse del adulterio. Debe ser un compromiso de cuerpo y alma. Cuando los esposos carecen de un compromiso mutuo y llevan vidas separadas o aisladas, no falta mucho para que llegue la separación y el divorcio.

Todas las iglesias deben luchar contra el espíritu del adulterio dondequiera que lo encuentren. Y no estoy hablando simplemente del adulterio como un acto físico: en cierto sentido, cualquier actitud dentro de un matrimonio que debilite el amor, la unidad y la pureza, o impida un espíritu de reverencia mutua, constituye adulterio porque alimenta el espíritu del adulterio. Por eso Dios dice que la infidelidad del pueblo de Israel constituye adulterio (cf. Malaquías 2.10-16).

En el Antiguo Testamento, los profetas utilizaban el concepto de la fidelidad en el matrimonio como una ilustración del compromiso de Dios con Israel, su pueblo escogido, su novia (cf. Oseas 3.1). De manera similar, el Apóstol Pablo compara el matrimonio con la relación de unidad entre Cristo, el novio, y su Iglesia, la novia. Sólo podemos considerar claramente el tema del divorcio y nuevo matrimonio dentro del marco de estas imágenes bíblicas.

Cuando una iglesia no hace nada para apoyar a los matrimonios de sus propios miembros, ¿cómo puede decir que es inocente cuando se desbaratan estos matrimonios? Cuando se rehusa a declarar que «lo que Dios ha unido, que no lo separe el hombre», ¿cómo puede esperar que sus miembros casados mantengan su compromiso para toda la vida?

Al considerar estas preguntas, debemos evitar dos peligros. Primero, no podemos estar de acuerdo con un divorcio; segundo, nunca debemos tratar con legalismo o rigidez a los que sufren la angustia y el dolor del divorcio. Al rechazar el divorcio, no podemos rechazar a la persona divorciada, aun si se ha vuelto a casar. Siempre debemos recordar que, aunque Jesús habla muy fuertemente contra el pecado, nunca carece de compasión. Sin embargo, ya que Jesús anhela llevar a todos los pecadores a la redención y sanidad, exige que haya arrepentimiento por todos los pecados. Lo mismo sucede con cada matrimonio desbaratado.

Es claro que nunca debemos juzgar. Al mismo tiempo, sin embargo, sobre todo debemos ser fieles a Cristo. Debemos recibir y seguir toda su verdad, no sólo aquellas partes que parecen llenar nuestras necesidades (cf. S. Mateo 23.23-24). En nuestra comunidad cristiana, por lo tanto, ningún miembro bautizado puede divorciarse y volver a casarse si todavía vive un ex cónyuge. Asimismo, ningunos de los esposos que tengan antecedentes de divorcio y hayan vuelto a contraer matrimonio pueden llegar a ser miembros totalmente mientras sigan viviendo dentro de una relación matrimonial. El volver a casarse agrava el pecado del divorcio y evita la posibilidad de reconciliarse con el primer cónyuge. Nosotros creemos firmemente en una fidelidad matrimonial que dure toda la vida. Ninguna otra posición concuerda con el amor auténtico y la verdad.

TODO ES POSIBLE PARA DIOS

Naturalmente, para evitar el divorcio, la Iglesia debe ofrecer a sus miembros dirección y apoyo práctico mucho antes de que se desbaraten los matrimonios (cf. Hebreos 10.24, 12.15). Aun cuando sólo existan pequeñas señales de que corre peligro un matrimonio, lo mejor es ser sincero y franco al respecto. Una vez que una pareja se ha distanciado demasiado, puede hacer falta un cambio geográfico así como un período de tiempo para que se encuentren de nuevo. En una situación así, como lo que sucede cuando un cónyuge se ha vuelto abusivo, puede ser necesaria una separación temporal. Sobre todo, cuando sucede este caso, la Iglesia debe encontrar maneras concretas de ayudar, a los dos cónyuges, primero a que busquen el arrepentimiento y luego encuentren la confianza mutua y el perdón que son necesarios para restaurar el matrimonio.

Qué lástima que en nuestra sociedad actual, la fidelidad es tan rara que ha llegado a considerarse como una virtud «heroica». ¿No se debe dar por sentada la fidelidad, como el fundamento de nuestra fe? (Cf. Gálatas 5.22.) Como seguidores de Cristo, ¿no debemos estar dispuestos todos a mantenernos fieles hasta la muerte, a Cristo, a su Iglesia y a nuestro marido o mujer, tanto en los buenos como en los malos tiempos? Sólo una determinación de esta índole nos permitirá mantenernos fieles a nuestro voto matrimonial.

El camino del discipulado es un camino angosto, pero a través de la cruz, cualquier persona que escucha las palabras de Jesús puede ponerlas por obra (cf. S. Mateo 5.24). Si es dura la enseñanza de Jesús sobre el divorcio y el segundo matrimonio, será simplemente porque tantas personas en la actualidad ya no creen en el poder del arrepentimiento y del perdón. Será porque ya no creemos que lo que Dios ha juntado puede mantenerse unido, por su gracia; y que, según dice Jesús, «todo es posible para Dios».

No debe haber nada que sea demasiado difícil para nosotros si es un requisito del evangelio (cf. S. Mateo 11.28-30). Si examinamos la enseñanza de Jesús sobre el divorcio y el nuevo casamiento dentro del contexto de nuestra fe, veremos que es una enseñanza de gran promesa, esperanza y fortaleza. Es una enseñanza cuya justicia es mucho mayor que la de los moralistas y filósofos. Es la justicia del Reino, y está basada en la realidad de la resurrección y la nueva vida.

CAPÍTULO 19

POR TANTO, MANTENGÁMONOS VIGILANTES

Han llegado las bodas del Cordero, y su Esposa se ha engalanado, y se le ha concedido vestirse de lino deslumbrante de blancura...Dichosos los invitados al banquete de bodas del Cordero (Apocalipsis 19.7-9).

A pesar de la promiscuidad y la falta de pudor de nuestros tiempos, creemos que todavía es posible llevar una vida de pureza y fidelidad en el amor. Aun si las iglesias establecidas han dejado de proclamar el mensaje de que sólo se puede lograr la felicidad sexual dentro del compromiso del matrimonio, todavía estamos firmemente convencidos de esta verdad. No hay duda de que muchas personas en la actualidad sienten un gran anhelo por la pureza y la fidelidad. Pero no basta con el anhelo. Sólo podemos recibir esta gran bendición en nuestra vida diaria si estamos dispuestos a seguir y obedecer la dirección del Espíritu Santo, cueste lo que cueste. ¿Tenemos suficiente fe en el poder del Espíritu? ¿Estamos dispuestos a permitir que Dios transforme nuestro corazón tan completamente que produzca cambios radicales en nuestra vida? (Cf. Romanos 12.2.)

LA LUCHA POR LA PUREZA EXIGE UNA DETERMINACIÓN DIARIA

Todos nosotros conocemos la tentación y todos nosotros hemos cedido a la tentación. Todos nosotros hemos fallado en un momento u otro, en nuestras relaciones en el trabajo y en el hogar, en nuestro matrimonio y en nuestra vida personal. Cuanto antes admitamos estas fallas, mejor. Sin embargo, podemos tener confianza, aunque nos desconcierten los altibajos de la vida y tengamos dudas después de nuestros momentos de triunfo. Incluso Jesús como nosotros pasó por toda clase de tentaciones (cf. Hebreos 4.15). Con la ayuda del Señor, *sí podemos* encontrar la pureza que nos protege de todas las tentaciones. Santiago dice: «Dichoso el que soporta la prueba» (Santiago 1.12). Lo que importa en este caso es la voluntad más profunda de nuestro corazón, la voluntad que habla en lo más íntimo de nuestro ser cada vez que venimos delante de Dios en oración.

Conforme vamos esforzándonos por ser fieles, es sumamente importante que entreguemos *toda* nuestra voluntad a la pureza. Un corazón dividido no puede mantenerse firme (cf. Santiago 1.6-7). Sin embargo, la voluntad humana por sí sola no puede producir un corazón enteramente entregado. Si nos afanamos y nos agitamos con un gran esfuerzo propio, aun si logramos mantenernos a flote, pronto nos cansaremos y nos hundiremos. Sólo el poder de la gracia de Jesús nos puede completar y darnos nueva fortaleza y ánimo conforme seguimos entregándonos al Señor.

Al combatir el espíritu de nuestra época, debemos luchar no sólo contra los pecados obvios de la fornicación, el engaño, el homicidio y otros similares, sino también contra la apatía y el temor. Casi nadie diría que se opone a la fidelidad y al amor, o a la justicia y a la paz; pero ¿cuántos de nosotros están dispuestos a luchar por estos principios con palabras y hechos? El espíritu de nuestra época nos ha entorpecido, dándonos una conformidad tan fatal que ni siquiera nos molesta ignorar el mal que nos rodea. Sin embargo, si no nos declaramos en contra de la maldad de nuestros tiempos con el testimonio de las acciones de nuestra vida, entonces tenemos la misma culpa que los que han pecado intencionalmente. Todos debemos cambiar, y tenemos que comenzar con nosotros mismos.

¿Dónde están las personas como Juan el Bautista en la actualidad? ¿Dónde está la «voz en el desierto» pidiendo a gritos el arrepentimiento, la conversión, la fe y una nueva vida? El mensaje de Juan era sencillo: «¡Arrepiéntanse porque el reino de los cielos está cerca!» (S. Mateo 3.1-2.) Él no tenía miedo de enfrentar a nadie, incluyendo a los líderes de su tiempo. Incluso enfrentó al rey Herodes en cuanto a su matrimonio adúltero con Herodías, diciendo: «La ley te prohibe tenerla» (S. Mateo 14.3-4). Sin embargo, y aun más significativo, llamó a cuentas a los devotos y religiosos, las «buenas» personas: «¡Raza de víboras! ¿Quién les advirtió que huyeran de la ira venidera? Produzcan fruto que muestre arrepentimiento» (S. Mateo 3.7-8).

EN LA LUCHA POR EL REINO DE DIOS, NO BASTAN LAS BUENAS OBRAS

En el Evangelio de San Mateo, Jesús les dice a sus discípulos: «Es abundante la cosecha, pero escasean los obreros» (S. Mateo 9.37). ¡Esto es mucho más cierto hoy! Muchas personas anhelan la libertad de Cristo pero siguen siendo esclavos de sus propios pecados. Muy pocas personas se atreven a arriesgarse. La tarea es formidable.

Muchos de nosotros tenemos buenas intenciones; sinceramente deseamos hacer buenas obras. Pero no basta con eso. No podemos olvidar que la lucha por el reino de Dios no es simplemente contra la naturaleza humana: se trata de un enemigo mucho más poderoso, con potestades y fuerzas espirituales (cf. Efesios 6.12) y con el espíritu destructivo y demoníaco que Juan llama: «la bestia que sube del abismo» (Apocalipsis 11.7).

Este Destructor, o Bestia, controla todos los países y todos los gobiernos, y su marca se encuentra en todas partes en la actualidad: en la desaparición de la amistad perdurable y la vida en comunidad, en la opresión a los pobres y en la explotación de mujeres y niños. Se puede ver en el homicidio en masa de los no nacidos y la ejecución de los presos. Y más que nada, se puede ver en la desesperación y soledad de millones de personas.

Estamos viviendo en los últimos tiempos. Es la última hora (cf. 1 Juan 2.18). Debemos ser vigilantes si no queremos ser juzgados en la última hora de tentación. Debemos buscar el valor y la fortaleza espiritual para hablar sin miedo por Dios y su causa, aun cuando nadie parezca dispuesto a escucharnos.

La parábola de Jesús de las diez vírgenes debe ser una advertencia y un desafío para todos nosotros. Jesús aquí no habla del mundo perdido por una parte y de la Iglesia por otra: todas las diez mujeres de la parábola son vírgenes, y todas están preparándose para encontrarse con Él. Jesús está presentando un desafío a la Iglesia:

> El Reino de Dios será entonces como diez jóvenes que, con sus lámparas en la mano, salieron al encuentro del novio. Cinco de ellas eran necias y cinco prudentes. Las necias, al tomar sus lámparas, no se proveyeron de aceite.

Las prudentes, en cambio, junto con sus lámparas, tomaron aceite en las alcuzas. Como el novio tardara en llegar, se adormilaron todas y se durmieron.

A medianoche se oyó un grito: «¡Ya está aquí el novio! ¡Salid a su encuentro!» Entonces todas aquellas vírgenes se levantaron y arreglaron sus lámparas. Las necias dijeron a las prudentes: «Dennos de vuestro aceite, que nuestras lámparas se apagan.»

Pero las prudentes replicaron: «No, no sea que no alcance para nosotras y para vosotras. Mejor es que vayáis donde los vendedores y os lo compréis.» Pero mientras iban a comprarlo, llegó el novio. Las jóvenes que estaban preparadas entraron con él al banquete de bodas. Y se cerró la puerta.

Más tarde llegaron las otras vírgenes, diciendo: «¡Señor! ¡Señor! ¡Ábrenos!» Pero él respondió: «En verdad os digo que no os conozco.»

Velad, pues, porque no sabéis ni el día ni la hora (S. Mateo 25.1-13).

¿ESTAMOS DISPUESTOS A DEMOSTRAR QUE HAY UN NUEVO CAMINO?

No podemos simplemente huir del desafío del pecado. Más bien, debemos protestar enérgicamente contra todo lo que se opone a Dios. Debemos luchar abiertamente contra todo lo que abarata o destruye la vida, todo lo que conduce a separación y división. Sin embargo, debemos reconocer también que la protesta por sí sola, que a menudo lleva a la violencia, no es suficiente. Simplemente renunciar al mundo, rechazar el matrimonio o negar todo placer resultaría infructuoso.

Debemos demostrar que existe un nuevo camino y mostrarle al mundo una nueva realidad, la realidad de la justicia y la santidad de Dios, que se opone al espíritu de este mundo. Debemos mostrar con nuestras vidas que los hombres y las mujeres *pueden* vivir una vida de pureza, paz, unidad y amor cuando se empeñan en trabajar por el bien común; y no sólo creando una comunidad espiritual, sino también edificando una vida práctica sobre la base de compartir. Sobre todo, debemos dar testimonio del poder del amor. Cada uno de nosotros podemos dar nuestras vidas a los demás en aras del amor. Ésta es la voluntad de Dios para toda la humanidad (cf. S. Juan 13.34-35).

Es cierto que siempre que se lleva a la práctica la voluntad de Dios, será mal entendida y vista como provocación (cf. 1 Pedro 4.4). El mundo sigue igual de intolerante en cuanto al mensaje de Jesús; no ha cambiado en los dos mil años desde que vino el Señor. Los que no están dispuestos a aceptar su camino, siempre mostrarán una actitud de resentimiento y aun venganza hacia los que dan testimonio de Él, y es inevitable el conflicto (cf. S. Juan 15.18-20). Sin embargo, si nosotros, que decimos ser seguidores de Cristo, tenemos miedo de obedecer sus mandamientos porque tememos la persecución, ¿quién lo hará? Y si no es el deber de la Iglesia atraer la oscuridad del mundo a la luz de Cristo, ¿de quién será?

Nuestra esperanza radica en el Reino venidero de Dios, que es la cena de las bodas del Cordero. Esperemos ese día con fidelidad. Cada palabra que pronunciamos, y todo lo que hacemos, debe ser inspirado y guiado por esta expectativa. Cada relación personal, y cada matrimonio, debe ser un símbolo de esta expectativa. Jesús, el novio, espera a una novia preparada, que anhele su venida. Sin embargo, cuando Él llegue, ¿estaremos listos? ¿Seremos «una Iglesia radiante, sin mancha ni arruga«? (Efesios 5.27.) O ¿estaremos llenos de excusas? (Cf. S. Lucas 14.15-24.)

Nunca debemos tener miedo de la burla y las calumnias que produce nuestro testimonio. Lo que nos apasiona y motiva debe ser el futuro pensado por Dios, el futuro maravilloso de su Reino y no las «realidades» de la sociedad actual. Dios es quien tiene las horas finales de la historia en sus manos, y debemos dedicar cada día de nuestra vida a los preparativos para ese momento.

ACERCA DEL AUTOR

Johann Christoph Arnold es anciano mayor del Bruderhof (aproximadamente 2500 miembros que viven en nueve comunidades en los Estados Unidos, Inglaterra y Australia). Sirve como consejero espiritual a centenares de matrimonios, a adolescentes, a prisioneros y a los que sufren física o espiritualmente. Es editor gerente de *The Plough Publishing House* y autor prolífico. Viaja extensamente en nombre del movimiento y da conferencias y entrevistas en la radio y televisión así como en universidades y seminarios. Johann Christoph Arnold nació el 14 de noviembre de 1940, el tercer hijo de Johann Heinrich y Anna Marie Arnold. Se casó con Verena Donata Meier en Mayo de 1966 y tienen ocho hijos y más de veinte nietos.

El autor con Su Santidad, Juan Pablo II, en Nueva York, octubre 1995.

Con agrado he hecho llegar su manuscrito, *Un llamado a la pureza,* al Santo Padre, quien se alegró mucho ante este gesto ecuménico y, sobre todo, ante el contenido y la armonía de la convicción moral que emana de nuestra común fe en Cristo. Semejante convicción acarreará, inevitablemente, enemistades e incluso persecución. Ya lo ha predicho el Señor. Pero con Él debemos continuar tratando de vencer el mal con el bien.

Cardenal Ratzinger en una carta a
Johann Christoph Arnold, diciembre de 1995

APÉNDICE

EL BRUDERHOF

El Bruderhof es un movimiento cristiano internacional, dedicado a una vida en comunidad, sencilla y no violenta. (*Bruderhof* significa «lugar donde viven hermanos».) Semejante a los primeros cristianos y a otros movimientos religiosos que han existido en el correr de la historia, los miembros del Bruderhof renuncian a la propiedad privada a favor de la propiedad comunal; ponen a disposición de la comunidad no sólo sus bienes materiales sino todos sus talentos, su tiempo y sus esfuerzos. Todos los integrantes trabajan sin remuneración, empeñándose en mantener relaciones fraternales con cada uno de sus compañeros y compañeras. Su dedicación se inspira en el profundo anhelo de servir y amar al prójimo, y en obediencia a las enseñanzas de Jesucristo.

Fundado en Alemania en el año 1920 por el teólogo Eberhard Arnold, el Bruderhof está arraigado en los movimientos del Anabaptismo y la reforma radical europea del siglo XVI. Fue expulsado de Alemania por los nazis en 1937, y sus miembros hallaron refugio en Inglaterra. Al estallar la Segunda Guerra Mundial, emigraron al Paraguay y de allí a los Estados Unidos. Hoy existen seis comunidades en los Estados Unidos, dos en Inglaterra y, últimamente, una en Australia. En total abarcan aproximadamente 2.500

hombres, mujeres y niños. Además se formó en Bolivia un pequeño grupo comunitario llamado «Amigos del Bruderhof».

El Bruderhof participa en muchas actividades de servicio social voluntario, misión en las prisiones, y asistencia para personas desamparadas. Porque la vida es sagrada, se opone enérgicamente a la pena de muerte, y fomenta la justicia, la paz y la reconciliación tanto al nivel político como en la vida personal, especialmente en lo que atañe a las relaciones entre las razas y al diálogo interreligioso.

Mediante la misión que lleva a cabo, el Bruderhof quiere unirse a otras personas dedicadas a la lucha por una sociedad justa y pacífica. Las puertas del Bruderhof están abiertas a todos los que buscan una forma de vida sencilla de servicio al prójimo.

THE PLOUGH PUBLISHING HOUSE es la casa editora del Bruderhof, administrada por miembros de la comunidad. Publica y vende libros que tratan de un cristianismo radical, de la vida en comunidad, del matrimonio, de padres e hijos, de la justicia social y de la vida espiritual. Cuatro veces por año PLOUGH publica un catálogo-revista, *The Plough Reader,* que a la vez de dar a conocer las más recientes publicaciones, contiene artículos sobre cuestiones de transformación personal y social, así como problemas de actualidad que los medios de difusión tienden a pasar por alto. Llame al **800-521-8011** para pedirnos una muestra.

Si le interesa obtener más información acerca del Bruderhof, o si desea concertar una visita, escriba o llame al:

Woodcrest Bruderhof
Rifton, New York 12471
Teléfono: 914/658-8351

Maple Ridge Bruderhof
Ulster Park, New York 12487
Teléfono: 914/339-6680

Fox Hill Bruderhof
Walden, New York 12586
Teléfono: 914/778-7561

Catskill Bruderhof
Elka Park, New York 12427
Teléfono: 518/589-5103

Bellvale Bruderhof
Chester, New York 10918
Teléfono: 845/572-3400

New Meadow Run Bruderhof
Farmington, Pennsylvania 15437
Teléfon: 724/329-8573

Spring Valley Bruderhof
Farmington, Pennsylvania 15437
Teléfono: 724/329-1100

Darvell Bruderhof
Robertsbridge, E. Sussex
TN32 5DR England (Inglaterra)
Teléfono: +44 (0) 1580 88 33 00

Beech Grove Bruderhof
Nonington, Kent
England (Inglaterra) CT15 4HH
Teléfono: +44 (0) 1304 84 29 80

Danthonia Bruderhof
Glen Innes Road
Inverell NSW 2360
Australia
02 6723 2213

Edición española de *Seventy Times Seven*, uno de nuestros títulos más vendidos, con nuevas historias de México, Puerto Rico y los barrios de las ciudades norteamericanas.

SETENTA VECES SIETE

Reconciliación en nuestra sociedad
Johann Christoph Arnold
Prólogo por Juan Segarra Palmer
Introducción por Piri Thomas, autor de *En estas calles bravas*

Tanta gente hoy día se consume en odio, resentimientos y desesperación. Es por esto que el autor ha querido mostrar que las más profundas heridas pueden sanarse, siempre que se halle la fortaleza interior de perdonar. Arnold nos permite conocer las vivencias personales de gente afectada por actos criminales, el abuso sexual, el prejuicio, la intolerancia y el fanatismo, y los excesos de la guerra – hombres y mujeres que descubrieron que mediante el perdón se liberan y se sanan.

Setenta veces siete trata de toda clase de experiencias humanas, con ejemplos de la vida cotidiana, en el matrimonio, en las más diversas organizaciones, en las iglesias. Y cuando no nos es posible llegar a una reconciliación, es cosa de perdonar a Dios y a si mismo.

152 páginas, en rústica, 14 x 21½ cm, 1999
0-87486-977-3
Autoayuda/espiritualidad/temas de actualidad

50 years
founded in 1951

PRESENTED BY
Austin Williams
Class of 2012
2002
WESTMINSTER SCHOOLS
SMYTHE GAMBRELL LIBRARY

THE COUNTRYSIDE

LIFE IN THE MIDDLE AGES

THE COUNTRYSIDE

by Kathryn Hinds

BENCHMARK BOOKS

MARSHALL CAVENDISH
NEW YORK

With special thanks to Alexandra Service,
Ph.D., Medieval Studies, University of York, England,
for her assistance in reading the manuscript

The translations/adaptations on p. 57 ("I have a young sister"), 62–63 (from "Robin Hood and the Monk"), and 64–67 (from *The Canterbury Tales*, Geoffrey Chaucer) are by Kathryn Hinds. The game on p. 53 has been adapted from *Medieval Holidays and Festivals: A Calendar of Celebrations*, by Madeleine Pelner Cosman.

Benchmark Books
Marshall Cavendish Corporation
99 White Plains Road, Tarrytown, New York 10591

Library of Congress Cataloging-in-Publication Data
Hinds, Kathryn, (date)
Life in the Middle Ages: the countryside / by Kathryn Hinds.
p. cm.
Includes bibliographical references and index.
Summary: Describes the social and economic structure of country life during the late Middle Ages, 1100 through 1400, and the role of the peasants, villagers, and landowners in the shaping of European civilization.
ISBN 0-7614-1006-6.(lib.bdg.)
1.Civilization, Medieval—Juvenile literature. 2. Middle Ages—Juvenile literature. 3. Europe—Social life and customs—Juvenile literature. 4. Country life—Europe—History—To 1500—Juvenile literature.[1. Civilization, Medieval.2. Country life—Europe—History—To 1500.] I. Title.
CB353 .H56 2000 940.1—dc21 99-086687

Picture research by Rose Corbett Gordon, Mystic CT
Bridgeman Art Library: Cover: September from Book of Hours, c.1540, by Simon Bening, Victoria & Albert Museum; 1- February from a psalter calendar, 1250-75, English, Corpus Christi College, Oxford; 2- October from Book of Hours, or the Golf Book, c.1520, of the workshop of Gerart Horenbout and Simon Bening, British Library; 12- June, Cancer, from Bedford Hours, c.1423, French, British Library; 15 & 63- Rustican, 15th c, by the Master of the Workshop of Margaret of York, Bruges, Bibliotheque Nationale Paris; 25- Photo by John Bethell; 26- L'Instruction Dung Josne Prince, 15th c, Fitzwilliam Museum, University of Cambridge; 37- June from Book of Hours, c.1540, by Simon Bening, British Library; 55- A Carnival on the Feast day of St. George in a village near Antwerp by Pieter the Younger Brueghel, Christie's Images; 60- Roman du Saint Graal, early 14th c, French, British Library; 67- The Reeve from The Canterbury Tales Ellesmere Manuscript, Private Collection; 72- Death of Wat Tyler from the Chroniques de France et d'Angleterre by Jean Froissart, British Library. Art Resource, NY: 10- Victoria & Albert Museum; 17, 46 & 69- Giraudon; 23- The Pierpont Morgan Library; 38- British Library; 40, 52 & 71- Scala; 48- Erich Lessing; 65- Tate Gallery. The Image Works: 19- Topham. North Wind Pictures: 21 & 30. The Art Archive: 29- Flemish Calendar illumination, British Library. Bibliotheque Publique Universitaire de Geneve: 43- Ms fr.1,t.1,f.22/Photo Jean Marc Meylan.By permission of the British Library: 53- Lutrell Psalter, Add 421330 f.204

Printed in Hong Kong

3 5 6 4 2

On the cover: Harvest time in the European countryside, painted by Simon Bening (1483–1561). Bening was from the city of Bruges, in what is now Belgium.
On the title page: Plowing and planting a field in the countryside. This painting is from a medieval manuscript called the Golf Book and was made around 1520 by artists in the workshop of Gerart Horenbout and Simon Bening.

TO FELICIA

CONTENTS

ABOUT THE MIDDLE AGES

When we talk about the Middle Ages, we are talking about the period of European history from roughly 500 to 1500. Toward the end of this time, Italian writers and scholars known as humanists began to take a new interest in the literature and ideas of ancient Greece and Rome. The humanists wanted to create a renaissance, or rebirth, of ancient learning. They believed they were living in a new age, one that was far superior to the culture of the previous ten centuries. So they called the years between the fall of Rome and their own time the Middle Ages, and the name has stuck.

The Italian humanists thought that the Middle Ages were dark, barbaric, ignorant, and without any kind of human progress. Today we often think of medieval times as a kind storybook never-never land, with bold knights riding out on quests, jesters and wandering minstrels entertaining at sumptuous banquets, and kings and queens ruling from towered castles. But the real story about the Middle Ages is more fascinating than any fairy tale.

Just like life today, life in medieval times was full of complexity and variety. Very few people lived in castles. Over 90 percent of the people in medieval Europe were peasants who lived in country villages. They were the backbone of society, raising the crops and animals that fed the knights, minstrels, rulers, and others. Peasants endured many hardships, but they also enjoyed the closeness of their families and communities. They had many of the same

Summer harvest: Peasants gather the ripened wheat and bind the sheaves together.

joys and sorrows, hopes and fears that we do, but their world was very different from ours.

Forget about telephones, newspapers, computers, cars, and televisions. Step back into time, to the years 1100–1400, the High Middle Ages. And let history come alive. . . .

1

PROTECTION AND OBEDIENCE

In the Middle Ages, very few people believed in any sort of equality. In every relationship, one party was superior to the other. Almost everyone in medieval Europe had a lord—someone more powerful and of higher social rank, to whom various services were owed.

A noble's lord was either a more powerful noble or a king. The lord granted land and gave protection to the lower-ranking noble, called a vassal. In return, the vassal pledged loyalty and obedience to the lord, particularly promising to fight in the lord's service. This military and political arrangement, which developed in the early Middle Ages, is known as feudalism (FYOO-duh-lism).

Older history books often described feudalism as the social system of medieval Europe. It was thought that there was a feudal "chain of command" that stretched from the mightiest king all the way down to the lowliest peasant. More recently, though, historians have shown that feudal relationships affected only the top levels of medieval society, the kings and nobles.

The peasants, who made up the majority of medieval Europeans, were not part of this feudal network, which depended on military service and personal vows of loyalty. The relationship

between peasants and their lords, often called manorialism, was different. Manorialism was the basic economic system in much of Europe until the late Middle Ages. As in feudalism, peasants expected protection from their lord and were granted land by him. But instead of military service, peasants gave the lord their labor and the products of their labor.

Naturally, there were many variations in this pattern. Manorialism barely took hold in some parts of Europe, such as Frisia (today's Netherlands), Scandinavia, and Scotland. Even in places where the system was widespread, there could be major differences in the relationships between lords and peasants. And as the Middle Ages progressed, it became common for peasants to make cash payments to their lord instead of working for him.

In exchange for land and protection, peasants worked for the lord. Here, a peasant uses a scythe to mow the grass, an important summer chore. The grass will dry in the sun, making hay to feed the farm animals during wintertime.

THE LORD OF THE MANOR

A manor was an estate held by a lord. It was made up of the lord's demesne (deh-MAIN), which was his own land, and land held by peasant villagers. In return for their land, the villagers owed the lord various services or payments. A single manor might be made up of part of a village, an entire village, or more than one village.

The lord of the manor was usually a nobleman, but not always. Sometimes the lord was a high-ranking church official, such as a bishop. Some manors were held by noble widows and heiresses. Other estates belonged to abbeys, religious communities for men or women. In such a case, the lord of the manor was the abbot or abbess who headed the community.

Some lords, very minor knights or nobles, held only one manor. Some—like the Count of Champagne in what is now France—might have dozens and be powerful enough to rival kings. Most lords held several manors, which were often widely scattered through the countryside. The lord might visit each manor in turn, or he might live at the court of his overlord or in one of Europe's growing cities. Usually the lord did not live year-round on any one manor, unless that was all he held.

Lords did not work the land themselves, so they depended on their estates to provide them with grain, meat, cheese, and most of the rest of the food for their households. The manors gave them beeswax for their candles and sheep's wool and sometimes linen for their clothes. Rents, fees, fines, and sales of extra produce from

Life on the manor: making wine. While some peasants train and prune the vines, others harvest the grapes. One man stomps the grapes in a large wooden vat. In the foreground, the lord's agents are present to oversee the work.

the manors provided lords with money for their other wants and needs.

Some lords preferred to lease out their estates; this practice was especially common during the 1100s. For a fixed fee, a lord would rent either the demesne or the entire manor to someone else. The renter then managed the property and was entitled to all the taxes and services that were owed to the lord. Usually the renter was another lord, a businessman from an area town, a knight, or a rich peasant. Sometimes a group of peasants who lived on the manor joined together to lease it.

THE LORD'S AGENTS

Villagers rarely so much as caught a glimpse of their lord. Typically, the lord did not run the manor himself. Instead, there were three main officials who did this for him. In England these officials were known as the steward, the bailiff, and the reeve.

The steward (sometimes called a seneschal) was a knight or cleric who supervised all of the lord's manors, visiting each of them two or three times a year. The lord himself appointed the steward. One of the steward's most important duties when he was at a manor was to preside over the manorial court. Generally, all but the most serious crimes were tried in this court, which also settled disagreements between villagers and between villagers and the lord. Punishments from the manorial court were usually fines, which were paid to the lord.

The bailiff was the lord's representative on the manor. He was usually chosen by the steward. He might be a younger son from a noble family, or he might come from a well-to-do peasant family. In

A steward receives pledges of loyalty from the lord's free tenants.

either case, he was expected to be able to read and write. His major responsibility was to manage the demesne, making sure that the lord's crops and livestock were properly taken care of. He also made sure that the manor had all the supplies it needed to function—

everything from building materials to baskets. Anything that could not be produced on the manor itself had to be purchased in nearby towns. In addition, on many manors the bailiff was responsible for some aspects of law enforcement.

The reeve was a prosperous peasant who supervised the work for the lord. Usually the villagers elected him themselves, and he served a one-year term (he could be reelected repeatedly, though). It was also his duty to keep the demesne's accounts. Throughout the year he kept track of the villagers' workdays, the number of livestock, the size of the harvests, rents collected, and payments made. Since the reeve generally had no schooling and could neither read nor write, he recorded all these facts and figures by making marks on wooden tally sticks. At the end of the agricultural year (September 29 in England) he had to give a "reckoning" of the accounts to the steward or another official. The reeve was not paid for performing his office, but he was not required to do any other work for the lord.

Most manors also had a beadle, or hayward. This peasant assisted the reeve and was especially responsible for looking after the saving, storing, and sowing of the seeds for the demesne's grain crop. Other officers varied from estate to estate. But it seems that no manor, at least in England, was without ale tasters. These officials, who were often women, oversaw the quality and price of ale sold in the village. If they found that the ale was weak, its brewer had to pay the lord a fine.

3

A TYPICAL VILLAGE

At the center of a typical medieval village were peasant houses and community buildings. Surrounding them were the fields where crops such as grain, peas, and beans were grown. Beyond the fields stretched meadows and woodlands. Throughout much of western Europe, the village farmland was divided into three large fields. Peasant landholders had long strips of land in each. (Long strips were easiest to plow.) Every year one field was left fallow, one was planted in the fall, and one was

Wharram Percy, a medieval village in England

planted in the spring. Cattle, sheep, and horses were allowed to graze in the fields after the crops were harvested.

HUMBLE HOMES

Peasant dwellings ranged from tiny one-room cottages to high-ceilinged longhouses divided into four or five sections. They were not very solidly constructed—records tell of burglars easily smashing through the flimsy walls. Village houses often had to be rebuilt every thirty to forty years.

In England each house had a yard, or toft, enclosed by a ditch or fence. A family might have storage sheds and other outbuildings in the toft. If the family had chickens, pigs, a cow, or ox, the animals would have pens in the toft and would also graze there. Stretching back from the toft was the croft, a garden of about half an acre. This was where the family raised its vegetables. Some households also grew apple, pear, or cherry trees in the croft.

Often one end of the house had a byre, or barn, attached so that the family's livestock would be safe and sheltered during the winter. (The animals' body heat also helped keep the human residents of the house warm.) The other end might be partitioned off to form a storeroom.

The house's dirt floors were strewn with rushes, straw, or, on special occasions, herbs and wildflowers. Usually there were only

This plan of a typical English manor shows the village's three large fields, the lord's demesne, the manor house with the church nearby, and the homes of the villagers. Here, the crofts are small fields separate from the peasants' houses. At one end of the manor is a water mill, and at the other a windmill.

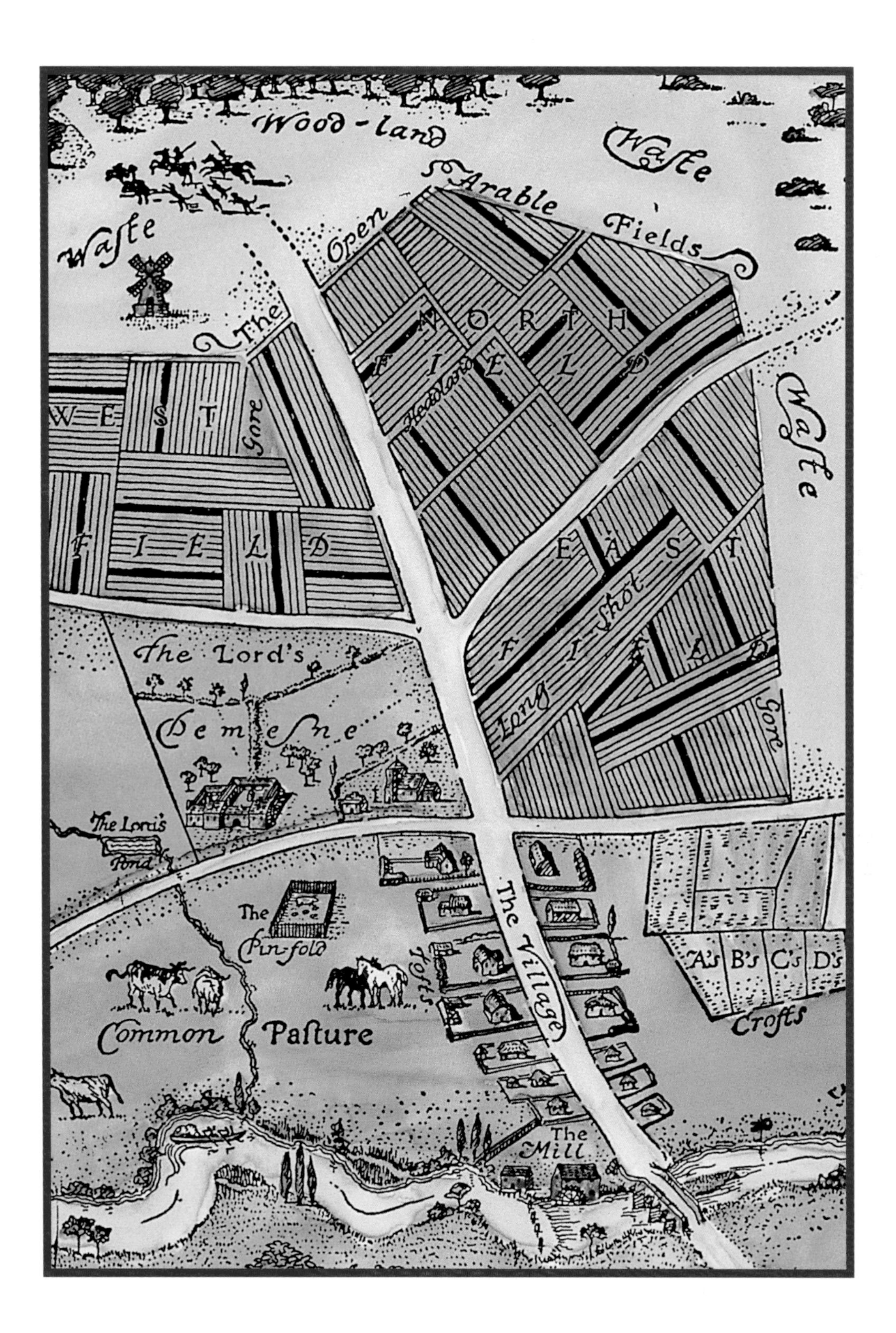
Wood-land
Waste
Open Arable Fields
Waste
The
NORTH FIELD
Headland
Waste
WEST
Gore
FIELD
EAST FIELD
Long Shot
The Lord's Demesne
Gore
The Lord's Pond
The Pin-fold
The Village
Tofts
A's
B's
C's
D's
Crofts
Common Pasture
The Mill

"A MESS OF POTTAGE"

Pottage was a meal-in-a-bowl, a combination of grain, vegetables, and, sometimes, a little meat. During the Middle Ages English villagers ate pottage nearly every day. Similar soups and stews were common fare for peasants in the rest of Europe, too. You may enjoy making your own version of this medieval dish.

Basic Ingredients

sprouted barley grains, boiled with:
peas and/or broad beans (fava beans)
a little salted pork or bacon (the medieval peasant would not have had this very often)
chopped onion
crushed garlic

Add, depending on availability and personal taste (medieval peasants tended to add anything that grew, so long as it wasn't poisonous!):

chopped or shredded cabbage
chopped leeks
diced turnip and/or parsnip
strawberry, primrose, and/or violet leaves (in early spring)
chopped hazelnuts (filberts) and/or walnuts
diced apples and/or pears
pitted (possibly dried) cherries
chervil, savory, and/or thyme to season

Note: Pepper would taste very good in this recipe, but in the Middle Ages pepper was a luxury item that most peasants couldn't afford.

Shepherds lead a flock of sheep out to pasture while women milk cows and churn butter. Artist Simon Bening painted this farmyard scene around the year 1515.

a few windows, which had shutters but no glass. In a typical long-house there was a central hearth, where a fire burned all day long. A pot of porridge or pottage, a thick hearty stew, usually could be found simmering over it. Since there was often no real chimney, the inside of the house was not only dim, but also smoky.

Most families had little furniture. They ate meals at a trestle table—a board laid over supports—which was taken down every night. They sat on stools or benches. Instead of beds, most peasants slept on thin, straw-filled mattresses on the floor, sometimes in a loft at one end of the hall. Wooden chests were used to store blankets and clothes.

There was no bathroom, and no indoor plumbing at all. Usually one or two wells served the entire village. Women and children had to fetch water from the well every day. Like most medieval Europeans, peasants bathed very rarely. When they did, their bathtub was a barrel with the top removed. Family members washed up one after the other, all using the same water. For other bathroom needs, most people simply went "a bowshot away" from the house, although some families dug a latrine trench in the yard.

PUBLIC PLACES

Along with the private houses, every village had some buildings that served the entire community. The church and the manor house were the most important of these.

The village church was usually a simple stone building. There were no benches or pews—worshipers had to sit on the floor, stand, or bring stools from home. Fancy stained-glass windows were probably rare in village churches, but the inside walls were often painted with biblical scenes. A favorite scene was the Last Judgment, showing God deciding who would be eternally rewarded and who would be eternally punished at the end of time.

Just outside was the churchyard, which included the village cemetery. Villagers often held dances and other festivities in the churchyard. Many priests disapproved of this, but some joined right in.

Normally a village would have only one church (although some had none). But if the village was part of more than one manor, it would probably have more than one manor house. Like the church, the manor house was built of stone, but it was much larger. It stood on an acre or two of ground and was often surrounded by a

The great hall of Castle Hedingham, built in England around 1130. The great hall of a manor house would have been very similar, though perhaps a bit smaller.

WIND AND WATER

Grain was the basis of the peasant diet. It could be boiled to make porridge and gruel, or ground into flour to make bread. In northern Europe before the Middle Ages, grain was usually ground in stone querns, or hand mills. The ancient Romans generally used large millstones turned by donkeys or slaves. Yet the Romans knew of a better technology: the waterwheel, which probably originated in Persia or India. Mysteriously, the Romans rarely used the waterwheel.

In the early Middle Ages, however, western Europeans realized the great potential of the waterwheel. By the eleventh century, water-powered mills were grinding grain into flour all over Europe—wherever there was a fast-running stream to turn the mill's waterwheel. The wheel turned a pair of gears, which turned the millstone. Large amounts of grain could now be ground with very little effort.

Toward the end of the twelfth century, a new European invention made still more progress in the technology of grinding grain. This was the vertical windmill, probably developed in eastern England. Nothing like it had ever been seen before, but it was soon in use throughout western Europe. It caught the force of the wind in its sails, and their turning ran the gears that turned the millstone, grinding grain with little human effort.

The waterwheel and the windmill are examples of medieval Europe's search for new forms of nonhuman power and new ways to use it. Such technological advances pointed the way to even greater progress in the future.

Women carry sacks of grain to the mill. The waterwheel, which turns the millstone to grind the grain, is clearly seen in the background.

wall, fence, or moat. Within this enclosure there were also likely to be stables, barns, sheepfolds, dovecotes, a chapel, a garden and orchard, a dairy, a kitchen, and a bakehouse.

The bailiff and his family lived in the manor house. This was also the place where royal messengers, high-ranking churchmen, friends and relatives of the lord, and other VIPs stayed when they visited the estate.

The most important feature of the manor house was the great hall, a huge, long, high-ceilinged room. Here guests were entertained, holidays were celebrated, and meetings were held. Above all, this was where the manorial court met.

Other community buildings might include one or more mills, where grain was ground into flour, ovens or bake houses, and a forge, where a blacksmith made horseshoes and iron tools. In many places there was a village green. Often it was not big enough for livestock to graze on. In the village of Elton, in eastern England, the village green seems to have been used mainly as the site where some lawbreakers were publicly punished.

THE VILLAGERS

In the Middle Ages, an average village had from 150 to 250 residents. In Scandinavia and some other places, however, peasants tended to live on separate, scattered farmsteads rather than in villages. Even among villages there were differences. By the High Middle Ages, many European villages were independent from manors. In England, however, the manorial system continued to have great power, and many of the surviving records about medieval peasant life come from the English manors.

Most of the peasants on a manor were tenants who rented their land from the lord. But although they were tenants, they felt very strongly that the land they held belonged to them. Lords recognized this (in fact, they usually felt the same way about the lands granted them by their own overlords) and respected it. When a man died, his land holding passed to one of his sons, usually the oldest. In some places the land was divided up among all the sons, or shared by all the sons. If a man had no sons, in most areas a daughter could inherit. Whatever the arrangement, the important thing was to keep the land in the family.

In some areas peasant allods were very common. An allod was a freeholding, land that no lord had any claim on. There were parts of Europe where it was possible for peasants to own allods at the

Magpies watch two peasants slaughtering a pig while other peasants work in the bake house and wash house on the lord's demesne.

same time as they held land from a lord. In other places allods were nonexistent.

DEGREES OF FREEDOM

Peasants were legally categorized as either unfree or free. These categories had to do with how much service was owed to the lord. Some manors had few if any free peasants. In the late thirteenth century the English village of Elton had twenty-two free house-

A villein from the French countryside

holds and forty-eight unfree households (and twenty-eight others that were unclassified).

The unfree were known as serfs or villeins (vih-LANES). They were required to work the lord's land or perform other work a certain number of days each week. The more land a villein held, the more labor he or she had to do. By the thirteenth century, however, many lords were accepting money instead of work from their serfs. (The work still needed to be done, however, so the villeins' payments would be used to hire laborers for the demesne.)

Serfs also owed the lord numerous fees, which varied from manor to manor. In general, there was an annual payment known as head money, which symbolized the serfs' bond to their lord. The lord could demand a tax known as tallage whenever he had need of extra cash. When an unfree woman married, she, her father, or her husband had to pay the lord a fee called merchet. If her husband did not live on one of the lord's manors, an extra fine was added to this. Another fee was paid if a serf moved off the manor (this was supposed to be paid every year after the serf left). When a villein died, the lord had to be given the family's best cow or sheep; sometimes the lord took a piece of furniture or other household item instead. There was still another payment when a serf took over a landholding, whether he bought or inherited it. Serfs who wanted to become priests, monks, or nuns could not do so unless they paid a fine to the lord. Villeins also had to turn over agricultural products at particular times of year—for example, a certain number of chickens, eggs, or cakes of beeswax at Christmas and Easter.

Unfree peasants were required to grind their grain at the lord's mill; the miller kept a portion of the flour for the lord, as well as a portion for himself. This was so hateful to many peasants that they hid hand mills in their houses and secretly ground their own grain.

Once the serfs had flour, they could bake their bread only in the lord's ovens. Again, many simply didn't eat bread, but instead boiled their grain into porridge. Villeins were also frequently required to keep their sheep in the lord's sheepfold for the winter—the lord then had all of the sheeps' manure to fertilize the demesne, while the serfs had little fertilizer for their own fields.

Both free and unfree peasants paid the lord some form of rent for their land. Otherwise, free peasants owed the lord little labor and were exempt from all the fines and fees imposed on villeins. On the other hand, in most parts of Europe by the twelfth century, even a manor's free tenants were expected to be obedient to the lord, and they looked to him for protection just as the serfs did. A free peasant who moved off the manor, however, was no longer tied to its lord in any way, while villeins were bound to their lord no matter where they went, usually for as long as they lived.

Not surprisingly, no one wanted the burdens and obligations of being a serf. We have many records of villeins going to court to try to prove that they were actually free; they almost never succeeded. There were other ways, however, to achieve freedom. In many places the serf who moved to a town and lived there for a year and a day was automatically free. During the twelfth and thirteenth centuries, peasants in England, France, Spain, and especially Germany were encouraged to settle in new areas and found new villages. They cleared forests and drained marshes to create farmland where there had never been any before. In return, these colonists were guaranteed freedom for themselves and their descendants. During the High Middle Ages, lords also became increasingly willing to allow serfs to buy their freedom.

HALF A WORLD AWAY . . .
VILLAGE LIFE AMONG THE INCA

The thirteenth century saw the manorial system flourishing in England and other parts of Europe. Halfway around the world, in what is now Peru, the Incas were beginning their rise to power. Eventually the Incas ruled a huge empire, based largely on highly organized agriculture. As in medieval Europe, most of the people in this empire were peasant farmers.

In theory, all Inca lands belonged to the emperor. Each area's farmland was divided into three parts: one for the Sun, one for the emperor, and one for the local community. The peasants were required to work all three, and they could tend their own fields only after tending the Sun's and the emperor's. The lands of the Sun provided food for all of the empire's many priests and priestesses. The crops grown on the emperor's lands fed the royal family, the nobles, and government officials. The local community's land was divided up by the area's chief each autumn. Every married man received enough land to support his family.

Peasant men were required to perform regular labor services for the Inca government. These services included such things as working in mines, working as servants to the nobles, transporting goods from place to place, and participating in all kinds of building projects. Some communities had to provide feathers, fish, seashells, wood, and other raw materials to the emperor and nobles. In addition, every peasant was expected to weave one garment a year for the government storehouses; this weaving was usually done by the women. Sometimes a wife also accompanied her husband and helped him in various ways when he went away on his work assignment.

PEASANTS HIGH AND LOW

Whether villagers were free or not, they generally fit into one of three classes. At the top of village society were the wealthiest peasants, who were always few in number. These people held between forty and one hundred acres of land, some of which they rented to their own tenants. In some places, such as Germany, one of these wealthier peasants might occasionally rise into the lower nobility. On the other hand, members of the lower nobility occasionally sank into this peasant class.

The largest group of peasants was made up of those who held twelve to thirty-two acres. Twelve acres of land was just enough to support the average peasant family, at least in a good year. With thirty-two acres, the family would have surplus crops to sell.

The lowest class held no land at all, or too little to support a family. Cotters were peasants who had only a cottage and yard, or at most an acre or so. Most cotters and other peasants with little land worked as laborers for the lord or for other peasants. Some landless villagers, however, were able to make a living by practicing various crafts.

A village might have a number of craftspeople or tradespeople, such as blacksmiths, carpenters, shoemakers, weavers, dyers, tanners, millers, and butchers. These people were very important to the life of the village. They could be free or unfree, and some might practice their trades along with farming. Many women brewed and sold ale, and nearly all women did spinning, weaving, and sewing. Most of this cloth making was done for the family, but sometimes women did earn wages for this work. Women also served the village as midwives and healers.

Besides the farmers and craftspeople, there were other residents of the typical village. The lord's desmesne had a staff that included servants, plowmen, shepherds, a cook, a dairyman or dairymaid, and others. These people were often settled on small holdings on the demesne. The parish priest and his assistants lived on land near the church. Finally, on the fringes of village society there were various "strangers," for example traveling craftspeople (such as tinkers) and wandering beggars. Villagers tended to be very suspicious of these strangers. Sometimes a villager could be fined for hiring strangers or giving them food or shelter.

5

WORK, WORK, WORK

The medieval peasant's life revolved around the work of raising crops and livestock. Even most of the village craftspeople who didn't do farmwork earned their livings by either making agricultural tools (such as plowshares and hoes) or processing agricultural products (such as grain and leather).

The greatest events of the work year were plowing, planting, and harvesting. These were all community efforts, carried out by all of the villagers at the same time. The way these tasks were done was strictly regulated by the village bylaws, which were made by the villagers themselves. For example, in Elton, "strangers" who were hired to help with the harvest were not allowed to carry any of the grain.

Plowing was done in both spring and fall to prepare the fields for planting. The fallow field was plowed in summer to keep down weeds. In a typical family, the husband guided the plow and his wife goaded the horses or oxen who pulled it. (Most peasants could not afford to keep enough horses or oxen to pull a plow, so families combined their resources, sharing both animals and plows.) After planting, the grain fields had to be weeded frequently. When harvest time came, every able-bodied person in the village took part in cutting, binding, and carting or carrying the sheaves of grain.

Historians used to think that nearly all outdoor, agricultural

Sheepshearing was usually done in the month of June.

A plow team at work. One man steers the plow while the other goads the oxen who are pulling it.

work was done by men, while women worked in the fields only at harvest. Recent studies have shown that women, and girls, did a great deal more. They hauled manure to fertilize the fields, sowed seed, hoed, weeded, separated wheat from chaff, took part in hay-making, and carried grain to the mill. In regions where grape growing was important, women worked alongside men in the vineyards, pruning and tying vines. In some areas, such as south-western France, all shepherds were men. But in many other places females tended not only sheep but also cows and oxen, geese and chickens, and pigs. Women's tasks included feeding, milking, shearing, and slaughtering the livestock in their care.

In peasant families all household work was done by women and girls. They tended the hearth fire and carried water from the well. They spun and dyed wool, wove cloth, and made the clothes for everyone in the household. They raised vegetables in the croft and prepared all the family's meals. Other responsibilities included making butter and cheese, and preserving food for the winter. If a

ENDLESSLY SPINNING

From ancient times through the Middle Ages, spinning was a woman's common chore. Its tools were very simple: the distaff, basically a longish forked stick; and the spindle, a short, thin stick with a round weight on the bottom. The unspun wool was wound around the distaff, which the spinner held in her left hand (the "distaff side"—a phrase that has also come to mean the mother's side of the family). With her right hand the spinner dew the wool fibers and meshed their ends with thread that was already on the spindle. Then she gave the spindle a twist to set it spinning. As it spiralled down toward the ground, the spindle's motion stretched and twisted the wool, making a strong thread. When the thread was long enough, the spinner paused to wind it around the spindle, then drew out more wool and began again.

With distaff and spindle, women could take their spinning everywhere, and they usually did. They spun not only while they were relaxing around the hearth fire in the evenings, but also while they were engaged in other tasks in the yard and fields. In fact, they spun whenever their hands were not busy with something else. This was essential, because it took a great deal of thread to weave enough cloth to make clothes for the entire family. (Not surprisingly, most peasants got only one or two new outfits a year!)

In the late thirteenth century, a new invention came on the scene in Europe. This was the spinning wheel, which may have originated in India or the Middle East. It took half as much time to spin thread on a spinning wheel as it did to spin the same amount of thread with a drop spindle. However, many years passed before the new invention was widely adopted, especially in the countryside. Hand spinning wool produced better quality thread than spinning with a wheel. Spinning wheels were expensive, too, and they could not be carried everywhere. So for several centuries more, most peasant women continued to spin the old-fashioned way.

family was able to raise any extra food, it was often the wife who went to a market or fair to sell the surplus.

In most places peasant women could legally both buy and inherit land. In one part of England in the fourteenth century, 14 percent of the peasant landholders were women, most of them

This illustration from an Italian manuscript shows a peasant woman selling eggs and roosters at a market.

widows. All women landholders, free and unfree, were required to work their holdings and owed the lord the same rents and services as male landholders. We have records of many independent peasant women. One, for example, left her home village in southwestern France and bought a house, farm, and vineyard in another village. She kept a flock of sheep and dyed their wool to earn money. During harvest time she and her children worked as hired laborers.

6

FAMILY LIFE

In the Middle Ages, nobles often did not have very strong family ties. Men were frequently away at war, perhaps for years at a time, and women rarely nursed their own babies. Children of great lords were likely to be raised mainly by servants.

Peasant families, on the other hand, tended to be quite close. Children spent most of their time with their parents. And every family member had an important role to play in ensuring the household's survival.

The peasant household typically included parents, children, and sometimes a few other relatives—usually a widowed parent or an unmarried sibling of the husband or wife. Wealthier households might also have a couple of servants.

Well-off peasant families generally had an average of five children. Poorer families were likely to have only two or three. Most households had a cat, to keep down rodents, and perhaps a dog or two, to guard the home and livestock. (In southern France, however, peasants tended to be highly suspicious of cats, regarding them as creatures of the devil.) These animals may often have been treated with affection, but most people probably thought of their cats and dogs more as working farm animals than as pets.

A mother-to-be braces herself against the pains of labor. She is lucky to have a midwife helping her.

A MEDIEVAL CHILDHOOD

All babies were born at home. Birth was a frightening and dangerous experience because there were not many medical techniques to help out if something went wrong. Also, no one in medieval Europe knew about germs, so no measures were taken to prevent infection. During labor the mother-to-be was supported and comforted by two or three women friends and relatives. If she was lucky, an experienced midwife would also be there to help deliver the baby. But even with a midwife's care, many mothers and babies died either during or soon after birth.

If the baby lived, it was promptly baptized in order to bring it into the Christian faith. (The mother did not attend the baptism; she was not allowed into the church for some weeks and had to go through a ceremony of purification first.) If the mother lived, she normally breast-fed the child herself for one to two years. Otherwise another village woman would have to nurse and care for the child. In real emergencies, peasants sometimes made a kind of baby bottle out of a cow's horn.

Medieval peasants did not get maternity or parental leave. Very soon after birth, the mother had to return to work. She might carry the baby with her in a slinglike device as she went about her tasks, or she might have one of her older children or an elderly villager look after the baby. Single mothers seem to have had the most difficult time arranging childcare. One mother in southwestern France, who worked as a servant and laborer, had another village woman care for her daughter. When the mother switched jobs, she also sought out a new caregiver, who lived closer to her new job.

Unfortunately, parents sometimes had to leave young children unattended, often with tragic results. Many records have survived that tell of children dying in house fires, falling into wells and ponds, and being injured or killed in other accidents. Children were also highly vulnerable to disease, and many died before reaching their teens.

Some historians have said that because death in childhood was so common, medieval parents did not let themselves become very attached to their children. However, many sources now show that peasants, at least, were by-and-large devoted parents. When a child died, whether from disease or an accident, the parents might grieve for a very long time. Sometimes they would even name their next child after the one who had died, hoping that in this way the dead child would be "remade."

Childhood was brief, however, and most peasant children had few, if any, toys. They played imaginatively with flowers, sticks, bits of wood, pieces of cloth, and the like. For example, a medieval sermon describes a child making a "sailing ship" out of a crust of bread and building a "great hall" with pieces of wood. A cloth decorated with flowers could be a lovely lady, and a long stick made a fine white horse.

As soon as they were old enough, children began to work, helping with their parents' daily tasks. By the age of twelve they were doing adult work, even plowing. They labored not only on the family's land but also, if they were serfs, on the demesne. (If the mother was a serf, the child was automatically a serf, too.)

For most peasant children, following and helping their parents was their only form of education, and it was all they would ever need. A few boys became apprentices (students being trained in a crraft) to a carpenter, smith, or other craftsman, either at home or in a nearby town. In some villages the parish priest ran a small school for peasant boys. They probably learned little more than the basics of reading, writing, arithmetic, and religion. This would be enough, though, to help them if they ever became a reeve, beadle, or other manorial official. The parish schools were also preparation for boys who eventually became parish priests themselves. In the south of France boys from wealthy peasant families were able to get university educations from time to time. Also in southern France, there were some religious groups who taught poor girls to read. Otherwise, however, peasant girls seem to have had no opportunities for any kind of schooling.

A carpenter works in his shop while his wife spins and their son gathers wood shavings from the floor.

FOR BETTER OR WORSE

Nearly all peasant girls married. Those who did not worked as servants and hired laborers, often on the demesne, or they might live with a married brother and help his family with both housework and farmwork. Sometimes unmarried women left the village and went to work on another manor or in a town.

Girls could legally marry at the age of twelve. Usually, however, peasant brides were between fifteen and twenty years old. Peasant men were typically in their mid to late twenties when they married.

Most marriages were arranged by the families of the couple. Sometimes the groom-to-be would start this process—if he liked a certain girl, he might ask his parents to try to arrange for him to marry her. When the families were well-off, there might be long negotiations. The bride had to have a dowry of money, goods, or farm animals to bring to the marriage. The groom had to guarantee a dower, the portion of his property that would be his wife's if he died before she did. If the families were villeins, it was important to decide who would pay merchet to the lord.

Once everyone was satisfied, the couple became betrothed, or engaged. Since villages were small, the two usually already knew each other (noble couples often had never met before their wedding). Parents could not force their children to marry. Both the bride and the groom had to agree to the marriage for it to be legal.

Peasant weddings were very informal. Often the couple simply exchanged promises and a kiss in front of the church door. Sometimes they would then go into the church to hear Mass. After the ceremony there would be a wedding feast to celebrate the new marriage. Some peasants, especially poor ones, were married even more simply, in what was called a private marriage. The couple made their wedding vows to each other with no priest, friends, or family members present to witness. But even though such a marriage began in secret, the couple was looked upon as being legally and truly married.

The newlyweds might move into a home of their own, or they might live, at least for a while, with one of their families. If they lived

A peasants' wedding celebration, painted in 1568 by the great Flemish artist Pieter Brueghel the Elder. The musicians are playing bagpipes, which were popular instruments among peasants throughout Europe during the Middle Ages and the Renaissance.

on a holding belonging to the woman or her family, the husband often took his wife's last name. Even so, the husband was always regarded as the head of the family. Nearly all medieval thinkers, writers, and preachers agreed that men were superior to women. Villagers heard this viewpoint everywhere from sermons to jokes. Husbands were entitled to discipline their wives by hitting and even beating them. Women were expected to bear this treatment without complaining.

If a marriage was unhappy, peasant couples often separated. Sometimes they went through the process of getting a divorce, but sometimes they didn't bother, even if they wanted to remarry later. The second wedding might take place privately, or there might be a church-door ceremony in a neighboring village. As far as we know, none of this was particularly scandalous to medieval peasants.

VILLAGE ELDERS

One way or another, many peasant marriages ended up being full of affection and satisfaction for both partners. But marriage still did not last especially long. The average medieval peasant could expect to live for only about another twenty years after getting married. Since husbands were usually ten or so years older than their wives, a large number of women became widows. A widow was free to remain unmarried if she wished, although her family or lord might try to pressure her into remarriage. If she held land, she owed the lord all the rents and services due on it. If she did not remarry, she either had to work the land herself or hire laborers to work it for her.

People were considered to be elderly when they reached age forty-five. In some places their age made them more respected in their families and in the village, but in other places the elderly were less respected. In southwestern France elderly women were held in high esteem and asked for advice on a regular basis. On the other hand, in northern Italy people feared that an old woman's "evil eye" could harm babies.

A villager who was too old to continue working generally transferred his or her holdings to the person who would inherit the land (usually a son). In return, the heir promised to support the "retiree." Some aging peasants made arrangements with other villagers to support them. Another possibility was to buy a kind of pension plan from a monastery. This provided a room, food, drink, clothing, candles, firewood, and even, if the peasant could afford it, servants and a house with a garden and pasture.

When a villager was very ill, the priest was summoned to help him or her prepare for death. Two things were of the greatest importance to peasants on their deathbed: to be surrounded by their loved ones, and to be assured that their souls were saved. After a person died, there was usually a day or two of keeping vigil over the body; these wakes often became merry, drunken parties. The body was washed and prepared for burial by the women of the family or neighborhood. In southwestern France, when the head of the household died, the family would keep some of his hair and fingernail clippings so that his good fortune would not desert the house.

Funerals were generally very simple. The body was sewn into or wrapped in a shroud, then laid on a bier and carried into the parish church. After Mass was said, the body was buried in the churchyard. Here, most medieval peasants believed, the dead person slept and awaited the Last Judgment.

7

REST AND RECREATION

In the Middle Ages, the average person thought of time very differently than we do. Peasants had no clocks or calendars. They were aware of the passing of the seasons and the phases of the moon, but they rarely thought in terms of hours, weeks, or months. They thought in terms of lunchtime, dinnertime, the amount of time it took to travel to the next village, and so on. Instead of months they would speak of "the season when the elm leaves appear" or "the time of the turnip harvest." They also described dates in terms of various Christian feast days: for example, the Nativity of the Virgin (September 8), All Souls' Day (November 2), the Feast of Saint John (June 24). In fact, almost every day of the year was dedicated to a saint, an event in the life of Jesus, or an important religious concept. Usually the parish priest had a calendar, and he would tell villagers when important days were.

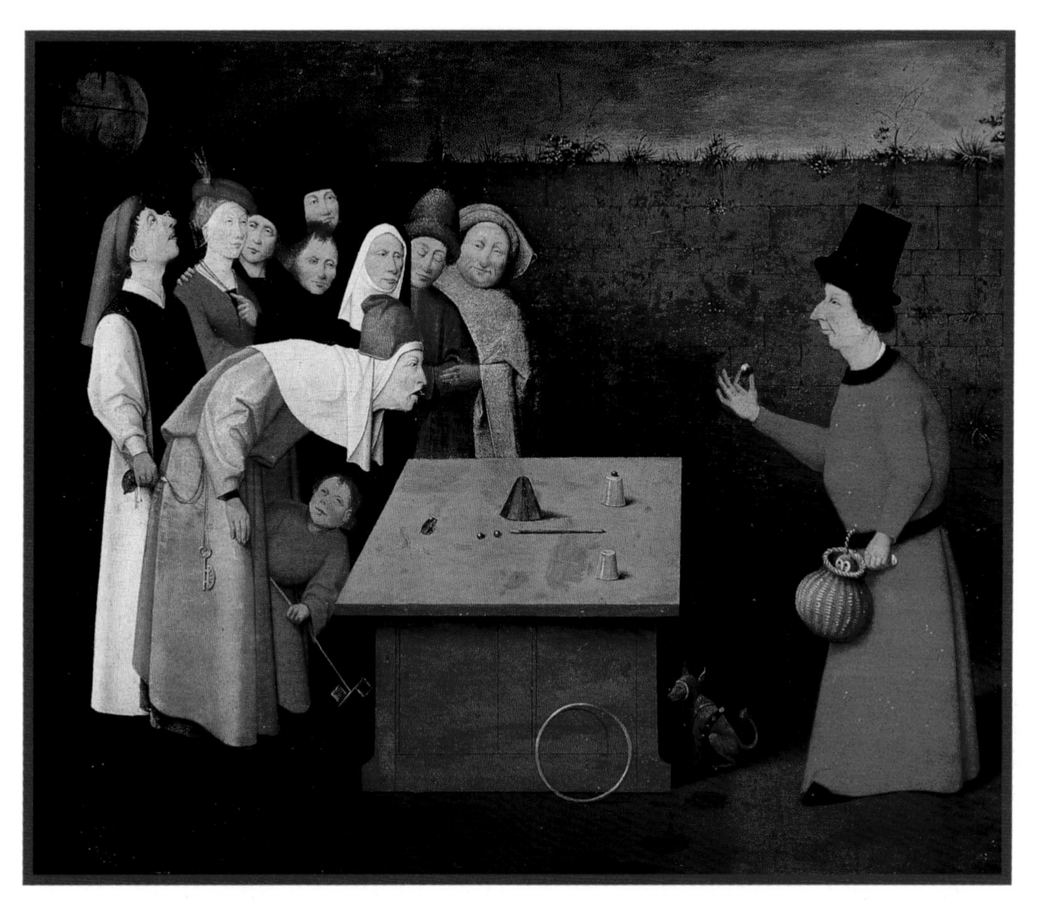

Dutch artist Hieronymus Bosch, who lived from around 1450 to 1516, painted this scene of a magician amazing a crowd with his sleight-of-hand tricks. Peasants might see such an entertainer when they went into a town for market day, and sometimes traveling entertainers came to the villages.

TIME TO CELEBRATE!

Each season had at least one holiday when no work was done and the villagers were free to play games and feast. The greatest of all holidays was Christmas. Its celebrations lasted for twelve days. There were no Christmas trees, but people of all classes decorated their homes with holly, mistletoe, and other evergreens. On the manors, peasants owed the lord extra bread, eggs, and chickens. In some places a few or all of the villagers were invited to a Christmas feast in the great hall of the manor house.

Since Jesus was born among animals in a stable, farm animals

BEE IN THE MIDDLE
A MEDIEVAL GAME

Bee in the Middle was a game often played during medieval Christmas celebrations. It was enjoyed by both children and adults. You might like to try it.

To play Bee in the Middle, the players need to sit in a circle on the floor. One player, the Bee, kneels or sits crosslegged in the middle of the circle. The Bee can lean forward, back, or side to side, but may not change position or get up. The other players try to touch the Bee, and the Bee tries to "sting" each toucher by grabbing his or her hand. This is a challenge, because the other players do not take their turns in any particular order. Although they go one at a time, they may surprise the Bee from any direction at any moment. Once the Bee manages to "sting" a toucher, that person becomes the Bee. The game can continue for as long as the players wish. Careful not to get too rough!

Beehives were a common sight in the medieval countryside. They were generally woven of wicker or straw, like this one.

were often honored during the Christmas season. The first serving of some of the special Christmas foods was given to a favorite horse or cow, and then all the animals received extra helpings of their usual feed. Besides commemorating the birth of Jesus, many peasants probably felt that their winter gift to the animals would help increase the strength and size of their herds and flocks in the spring.

The Christmas revels ended with Epiphany, or Twelfth Night (January 6). On this day country people in many areas took cups of cider and small cakes out to the fruit trees. They would walk or dance around the trees, singing something like this:

Hail to thee, old apple tree!
From every bough
Give us apples enow;
Hatsful, capsful,
Bushel, bushel, sacksful,
And our arms full, too.

Then there was another festive meal. In some English villages mummers, or amateur actors, would liven up the feast with traditional dances and plays. Often they acted out the story of Saint George and the dragon.

Easter week was celebrated with many games, often involving eggs (such as trying to roll an egg across the floor in a straight line). The lord of the manor usually received an extra payment of eggs from his tenants during this season. Once more, some villagers might be invited to feast at the manor house. The meal's main course was usually lamb or pork.

May Day was a joyous festival in much of northern and western Europe. It marked the beginning of summer and was celebrated with maypole dances and bonfires. On the eve of May

SAINT GEORGE AND THE DRAGON

During the Middle Ages, Saint George was one of the most widely honored Christian saints. He was said to have been a soldier who was born in Asia Minor during the late third century. A great many legends added to his story. In the most popular of these legends, Saint George went to Libya to fight a dragon. The dragon lived in a lake and had been gobbling down two sheep every day. When the area's villages ran out of sheep, the people offered the monster maidens to eat instead. No army had been able to destroy the dragon. However, Saint George was able to kill it with a single blow, just as the beast was about to devour a young princess. The king of the land gave the saint a huge reward for rescuing his daughter and delivering the people from the dragon's awful rampages. Saint George divided this reward among the poor villagers, then rode off on further adventures.

Villagers celebrate the feast of Saint George with dancing, wrestling matches, and mock combats. Pieter Brueghel the Younger (1564 to 1638) was the artist.

Day, young people often stayed out in the woods all night. In the morning they returned to the village with flowers and green boughs to decorate their homes. Often one of the village girls was crowned with a wreath of flowers and named Queen of the May. Games and sports were played throughout the day, and the Queen of the May gave the winners their prizes.

In much of the British Isles, Lammas (August 1) was another occasion when villagers feasted at the manor house. This holiday celebrated harvest time. In some places villagers would "sing the harvest home," all gathering for a songfest in the manor's great hall. At this time, too, loaves of bread and other farm products were offered and blessed in church.

There were many other holidays and Christian feast days. In addition, each village celebrated an annual feast in honor of the parish's patron saint. Many villagers would stay up, keeping a vigil, all through the night before this day. In the morning they would go to hear a mass especially in honor of their patron. For the rest of the day there would be singing, dancing, storytelling, games, and wrestling matches, all frequently taking place in the churchyard.

THE DAY OF REST

As on major holidays, the villagers were excused from work on Sundays. Three church services were held on this day of rest, but most peasants went only to the midday Mass. Priests complained that it was often difficult to get people to attend church services at all. In fact, in some areas it was common for fewer than half the villagers to go to church regularly.

Mass was recited or sung by the priest. The words were in Latin,

"I HAVE A YOUNG SISTER," SONG FROM MEDIEVAL ENGLAND

The words of this song were first written down in the 1400s. It was so popular that it was eventually brought to North America by English settlers, and versions of it are still sung today.

I have a young sister
Far beyond the sea;
Many are the gifts
That she has sent to me.

She sent me a cherry
Without any stone,
And also sent a dove
Without any bone.

She sent me a briar
Without any sting;
She bade me love my sweetheart
Without longing.

How can any cherry
Be without a stone?
And how can any dove
Be without a bone?

How can any briar
Be without a sting?
How can I love my sweetheart
Without longing?

When the cherry was a flower,
Then it had no stone;
When the dove was an egg,
Then it had no bone.

When the briar was a seed,
Then it had no sting;
When a maiden has her sweetheart,
She has no more longing.

the official language of the Catholic church. Few if any peasants understood Latin, and there was little congregational participation in the worship service. People often got restless and commonly chatted and flirted with one another during Mass. Some parish priests preached a sermon in the people's own language, at least once in a while. The sermon would explain biblical teachings, describe the lives of the saints, tell stories that illustrated Christian values, or urge the people to give up sinful practices (such as dancing in the churchyard!). Sometimes a wandering friar or monk would come to the village and preach a lively sermon either in the church or outdoors, generally attracting a large crowd.

PLEASANT PASTIMES

Even on workdays, peasants didn't always labor from sunup to sundown. Whether in the fields or around the house, there was often time to take a break and gossip with a friend. Villagers frequently got together for company and conversation at dinner-time. After dinner they might sit around the hearth fire and talk long into the night. As they discussed everything from religious beliefs to their neighbors' love lives, the women spun or sewed and the men mended tools. Some nights there would be singing and storytelling in addition to the pleasures of good conversation. Men and women alike also socialized in taverns. In most villages, the tavern was simply the home of someone who had recently brewed a batch of ale. (In France and Italy, the favorite drink was wine.)

Games and sports were popular with both children and adults. Peasants played checkers, chess, and dice, as well as games like blind-man's buff. Wrestling, archery, and swimming were among the favorite sports. Many people liked to watch cock fights, dog fights, and the like.

Sometimes traveling jugglers, musicians, storytellers, and other entertainers would come to a village. Along with the enjoyment they gave, they brought news and gossip from other areas.

HEROES OF SONG AND STORY

In the centuries before radio, television, and VCRs, storytelling was one of the most popular forms of entertainment. Some stories were in rhyme and set to music; these were called ballads. Peasants usually had to tell their own stories and sing their own ballads. Their opportunities to hear professional entertainers were rare.

Many peasant stories were like the Grimms' fairy tales that are read to children today. The medieval versions of such tales, however, tended to be much more violent and realistic than ours. They reflected the harsh realities of peasant life during that time. For example, in many of these stories, whenever the peasant heroes are offered any sort of magical gift or wish, all they want is food—good food, and plenty of it. To people who were often hungry and malnourished, hardly anything better could be imagined.

But peasants also liked to hear and tell stories about the great heroes of the past. In Ireland some of the most popular tales were about Fionn MacCumhal (Finn MacCool), the head of an ancient band of warriors. Fionn and his men encountered giants, fairies, sorcerers, and fierce enemies in their adventures. Only men were allowed to tell these tales, but everyone enjoyed hearing them.

Welsh peasants told of King Arthur and the group of heroes that gathered around him. These Arthurian stories spread to

France and England and became incredibly popular all over Europe. French peasants also celebrated the deeds of Charlemagne, the ruler whose ninth-century empire stretched from France to Italy. In northern Italy some medieval peasants even named their children after characters from the Charlemagne stories.

Peasants in Norway and Iceland told of their ancestors, the Viking raiders, explorers, and settlers of the ninth through eleventh centuries. They also enjoyed stories based on ancient legends about

From a manuscript of the early 1300s, a scene from a story about King Arthur and his knights. Arthur has been seriously wounded in battle and is near death. Knowing this, he has entrusted his sword Excalibur to his faithful knight Bedivere. Excalibur was given to Arthur long ago by the mysterious Lady of the Lake; now it must be returned to her. When Bedivere throws the sword into the lake, a woman's hand reaches up out of the water, catches the sword, and brandishes it aloft. Arthur's marvelous reign has come to an end.

a dragon slayer, a warrior woman, and an enchanted ring. These tales were relished by German peasants, too.

The hero of many Spanish stories was El Cid. An eleventh-century military leader, El Cid fought both for and against the Muslims in Spain. He won renown not only for his bravery but also for his dedication to justice and his love for his wife and daughters.

Robin Hood, the most famous of all medieval peasant heroes, was not a warrior or king but an outlaw. He is still a popular character, but his legend has changed a great deal since medieval times. When his adventures were first celebrated in northern England and southern Scotland in the thirteenth century, Robin Hood was a well-known robber and enemy of the English king. During the next few centuries his reputation increased, until he became the noble thief, who stole from the rich to give to the poor, that we know so well today. And although Little John was an important character from the very beginning, Maid Marian did not become part of the Robin Hood legend until after the Middle Ages.

STRANGE AND SUNDRY LANDS

Travel, much more often than we might expect, was another way that people in the Middle Ages entertained themselves. Kings, along with their nobles and households, liked to make "progesses" through the countryside. Peasants went to fairs and markets in neighboring villages and towns. All sorts of people also went on pilgrimages, journeys to important religious sites. Pilgrimages were believed to be good for a person's soul, but they also provided an opportunity to see new places, meet new people, and experience new things.

"ROBIN HOOD AND THE MONK"

"Rhymes of Robin Hood" were popular with English peasants as early as the 1300s. The first of these rhymes to be written down, in 1450, was the ballad of "Robin Hood and the Monk." This is a story about Robin Hood's visit to a Nottingham church on the holy day of Whitsun, or Pentecost, and his subsequent arrest and escape from prison. The poem portrays Robin's devotion to the Virgin Mary as well as his daring and the faithfulness of his "merry men." Here, adapted into modern English, are some stanzas from this popular medieval ballad:

In summer, when the woods are bright,
And leaves are large and long,
It is full merry in the fair forest
To hear the sweet birds' song,

To see the deer draw to the dale
And leave the hills so high
And shade themselves beneath the leaves,
Under the greenwood tree.

So it befell upon Whitsun,
Early in a May morning,
The sun rose up shining fair,
And the merry birds did sing.

"A merry morning," said Little John,
"By Christ that died on the tree!
There is no man merrier than I
In all of Christianity.

"Pluck up your heart, my dear master,"
Little John did say,
"And think how fair a time it is
In a morning of May!"

"Yet one thing grieves me," said Robin,
"And does my heart much woe:
That I may not on this holy day
To mass or other service go.

"It is two weeks and more," said he,
"Since my Savior I have seen.
Today I will go to Nottingham,
With the might of the sweet Virgin."

Unfortunately, Robin and Little John quarrel, and so Robin goes off to Nottingham alone. While he is praying in church, a certain monk recognizes him and betrays him to the sheriff. After a short fight, Robin is arrested. But Little John is loyal still, and uses trickery and strength to set Robin free. Soon the pair of outlaws are safely back in their forest home:

The sheriff made to search Nottingham,
Through every street and alley,
But Robin was in merry Sherwood,
Lighthearted as leaf on tree.

. . .

Thus John got Robin Hood out of prison —
It is certain, without a doubt.
When his men saw him safe and sound,
With gladness they did shout.

They poured out wine to celebrate,
Under the leaves so small,
And ate pastries filled with venison,
And washed them down with ale.

CHAUCER'S PEASANT PILGRIMS

Geoffrey Chaucer, who lived from about 1340 to 1400, was one of the greatest writers in English literature. His most famous book is *The Canterbury Tales*, in which a group of people on a pilgrimage to the shrine of Thomas à Becket in Canterbury entertain one another by telling stories. Four of the pilgrims are typical country dwellers: the Parson, the Plowman, the Miller, and the Reeve. Here, adapted into modern English, are Chaucer's descriptions of each of them:

THE PARSON

There was a good man of religion,
A poor parson of a small town,
Who Christ's gospel truly preached.
His parishioners he would devoutly teach.
He was good-willed and wondrously diligent,
And in adversity always patient.
. . .
His parish was wide, with houses far asunder,
But he never failed, in rain or thunder,
In sickness or in trouble, to visit
The farthest parishioners, well-off and not,
Going all on foot, in his hand a staff.
This noble example to his sheep he gave:
First he acted, and afterward he taught.
Out of the Gospel these words he caught:
"If gold rusts, what can iron do?"
For if a priest is foul, in whom we trust,
No wonder if a common man should rust!
. . .

To draw folk to heaven by fairness
And good example—this was his business.
. . .
The teachings of Christ and of the Twelve
Were what he taught—but first he followed them himself.

THE PLOWMAN

With the parson there was a plowman, his brother,
Who had hauled many a cartload of manure.
A good and honest laborer was he,
Living in peace and perfect charity.
He loved God best with his whole heart
At all times, whether life was easy or hard,
And next he loved his neighbor as himself.
He would thresh and also dig and delve,
For Christ's sake, for every poor creature,
Without any pay, if it lay in his power.

Chaucer's pilgrims on their way to Canterbury

THE MILLER

The miller was a stout fellow for any occasion.
He was full big of muscle and also of bone:
That proved well, for everywhere he came
To wrestle, he would win the first-prize ram.
. . .
His beard was as broad as a digging spade.
Right on the tip of his nose he had
A wart, and upon it stood a tuft of hairs
As red as the bristles of a pig's ears.
His nostrils were black and wide.
He bore a sword and small shield at his side.
. . .
His mouth was as big as a wide furnace door.
He was a loud boaster and a rude joker—
His jests were of sin and ribaldry.
He could well steal grain, taking three times his fee—
He had a thumb of gold, by God.
He wore a white coat and a blue hood.

THE REEVE

The reeve was a slender man with a choleric mood.
He shaved his beard as close as he could.
. . .
Well could he keep a storehouse and a bin—
No auditor could do him in.
He knew by dry weather and by the rain
How well the seed would yield the grain.
His lord's sheep, his cattle, his dairy,

His pigs, his horse, his stock, and his poultry—
All were wholly in this reeve's governing,
And on his honor he gave the reckoning.
. . .

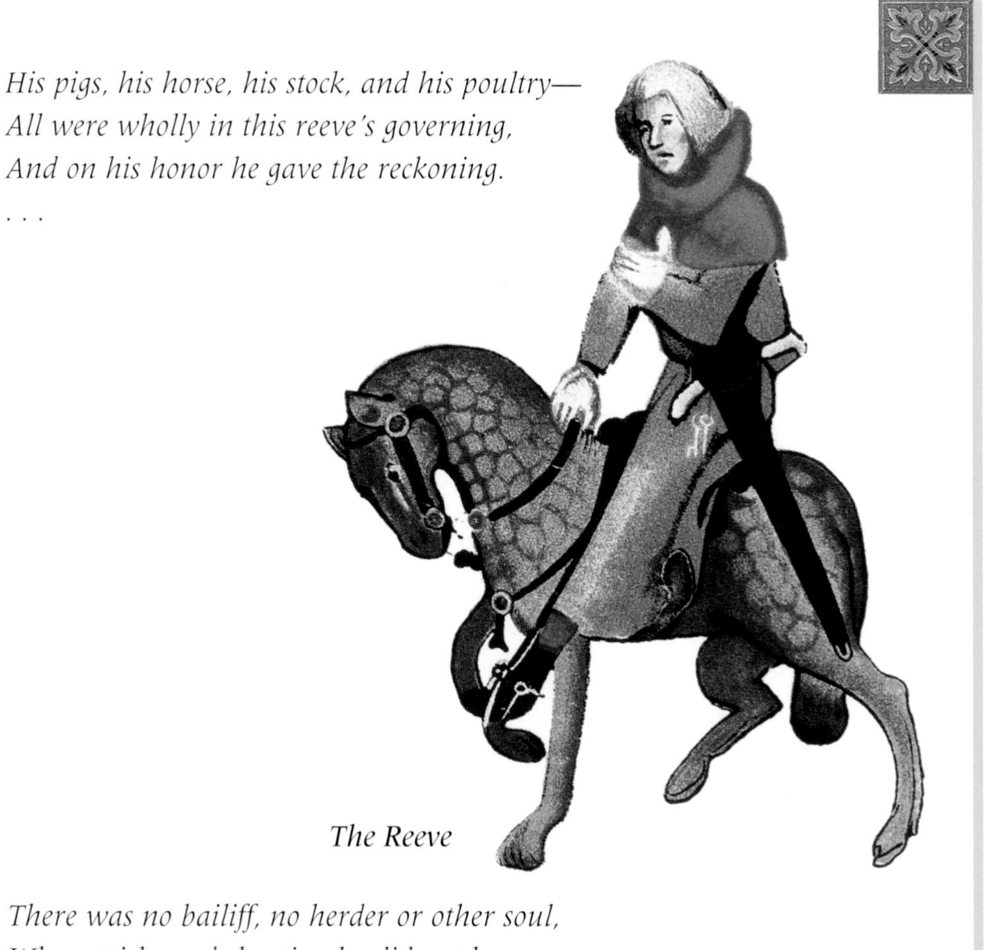

The Reeve

There was no bailiff, no herder or other soul,
Whose tricks and cheating he did not know;
They were in dread of him as they were of death.
His dwelling was full fair upon a heath.
. . .
He was rich with all that he had stored.
Subtly could he please his lord,
Making gifts and loans from the lord's own goods,
And receive thanks from him, with a coat and hood.
In youth he had apprenticed with a master
To become a good craftsman, a carpenter.

8

HARD TIMES

Like farmers everywhere throughout time, medieval peasants were at the mercy of the weather. Constant, heavy rains could delay planting, cause already-planted seed to mold in the ground, flood seedlings, or ruin an almost-ripe crop. If there was not enough rain during the growing season, the crops would dry up. Hailstorms and early frosts were especially dreaded threats as harvest time approached.

Time was also the peasant's enemy, especially the serf's. There were only so many days when conditions were right for plowing, planting, and harvesting. Villeins had to tend not only their own crops but also the lord's. In Elton, for most of the year the serfs were required to work for the lord two days a week. But in August the requirement increased to three days, and in September—at the height of the harvest—to five. This left little time for serfs to work their own land.

Peasant farmers were responsible for almost the entire food supply of medieval Europe. And yet peasants often had little to eat themselves. They frequently suffered from malnutrition. They ate meat rarely—sometimes only on major feast days—and had few other sources of protein. The variety of fruits and vegetables available to them might also be quite limited.

During this period, there were not many effective treatments

There were few effective cures for illnesses in the Middle Ages. Many people believed that "being bled" regularly would keep disease-causing substances from building up in their bodies.

for disease. Peasants' health was also threatened by poor sanitation. Not only was there no indoor plumbing, but even outhouses seem to have been almost unheard of. And in some places, villagers commonly had huge piles of animal manure right in their yards.

The demands of the lord caused additional hardship for a great many peasants. The numerous rents, fines, and fees could be a crippling burden for the poor. Strict limits were placed on how much firewood peasants could gather from the forests, and hunting by peasants was usually forbidden. Even if wolves, deer, or other creatures came out of the woods and destroyed the flocks or crops of the villagers, they still were not allowed to shoot at the animals. Villeins who were injured or seriously ill were given sick leave for up to a year, but after that they were required to return to work whether they were well or not. There were always some peasants who ended up wandering from village to village, unable to support themselves except by begging.

PLAGUE AND PILLAGE

In the fourteenth century a series of disasters added to the routine hardships of peasant life. First came two years of extremely bad harvests, which led to widespread starvation. In England this was followed by epidemics of typhoid fever and livestock diseases. But the worst was yet to come.

In 1348–1349 the Black Death, a devastating plague, swept through Europe. Rich and poor; young and old; cities, castles, villages, monasteries—none could escape the disease, but children and the poor were most vulnerable. Many areas lost one-third to

A priest helps a victim of the plague prepare for death. The attendants wear hoods and masks in hopes of protecting themselves from the dread disease.

two-thirds of their people. After this first outbreak, the plague struck six more times before 1420.

At the same time, the Hundred Years' War was raging between England and France. Peasants bore the burden of the higher and more frequent taxes imposed by the kings of both countries. Peasants were also drafted to fight in the armies. The war was waged entirely in France, so French villagers suffered worst of all. Their homes, crops, and lives were threatened not only by the invading English soldiers, but also by bands of French soldiers raiding for supplies.

Depopulation and heavy taxation severely weakened numerous villages, where holdings and houses stood empty for years. Land was now cheap, but labor was expensive. Prices for food and other necessities climbed dramatically. Peasants demanded higher pay, and lords demanded higher rents and fees. Due to labor shortages, laws were passed to try to force peasants to remain on the manors and work, at whatever jobs they were ordered to, at the lower wages of the past.

Peasant uprisings had occurred from time to time since the early Middle Ages. But in the second half of the fourteenth century, a spirit of rebellion seemed to explode all over Europe. There were peasant revolts in France, Flanders (modern Belgium), England, Germany, Spain, and Italy. The most famous of these uprisings was the English Peasants' War, or Wat Tyler's Rebellion, of 1381. The

Wat Tyler, leader of a rebellion against serfdom, is killed by the Lord Mayor of London as King Richard II looks on. The execution put an end to the English Peasants' War of 1381.

English rebels succeeded in entering London and presenting their demands to the king, Richard II. This revolt, however, like all the others, was ultimately crushed.

Nevertheless, a turning point had been reached. In most of Europe, the time was soon coming when serfdom and obligations to the lord of the manor would be things of the past. In a couple more centuries, European peasants would begin to take their way of life across the Atlantic Ocean to the New World. We are fortunate that in small towns throughout Europe and North America, the medieval village's spirit of community and cooperation lives on.

GLOSSARY

abbey a large convent (for women) or monastery (for men), headed by an abbess or abbot

allod a freeholding, land completely belonging to the family that owns it, with no claims on it by any lord

apprentice a student being trained in a craft by a master craftsperson

choleric irritable, easily angered

cleric a man trained as a priest but not necessarily serving in the Church

croft the area behind a peasant house and yard, used for vegetable gardening

demesne (deh-MAIN) the portion of a manor's farmland that belonged to the lord; the lord received everything that was grown on the demesne

dovecote an enclosure for domestic pigeons

dower the part of a man's property—usually one-third to one-half of it—that he pledged to his wife before they married; if the wife outlived her husband, she would have the use of the dower for the rest of her life; when she died, the dower would return to her husband's family

dowry money and other property that a woman brings into marriage

fallow describes land in which no seeds are planted so that it can "rest" and regain its fertility

feudalism (FYOO-duh-lism) a military and political arrangement among kings and noblemen, in which a vassal pledged loyalty and military service to an overlord in return for land and protection

knight a man trained to fight as a heavily armed warrior on horseback

manor an estate held by a lord, made up of his own land and land held by peasant villagers in exchange for rents and services

manorialism (muh-NOR-ee-uhl-izm) the arrangement between peasants and their lords, in which peasants held land from the lord and owed him various fees and services in exchange

manuscript a book produced entirely by hand; manuscripts in the Middle Ages were often illustrated with colorful paintings called miniatures

Mass a religious service featuring Holy Communion (the consuming of bread and wine as symbols of the body and blood of Christ)

merchet the English name for the fee that was paid to the lord when an unfree woman married

pilgrimage a journey to an important religious site, for example a church that houses the remains of a saint

saint a person recognized by the Church as being especially holy and able to perform miracles both in life and after death.

serf an unfree peasant; synonymous with *villein*

sheepfold a pen for sheep, usually with a shed or barn for the sheep to shelter in

tallage a tax that villeins had to pay to their lord. In some places it was paid every year, and in other places the lord could demand tallage whenever he wished

toft the yard of an English peasant house

vassal a noble who held land from a king or more powerful noble in exchange for military service and a pledge of loyalty.

villein (vih-LANE) an unfree peasant; synonymous with *serf*

FOR FURTHER READING

Corbishley, Mike. *Cultural Atlas for Young People: The Middle Ages.* New York, Oxford, and Sydney: Facts on File, 1990.

Cosman, Madeleine Pelner. *Medieval Holidays and Festivals: A Calendar of Celebrations.* New York: Charles Scribner's Sons, 1981.

Cowie, Leonard. *The Black Death and Peasants' Revolt.* New York: Putnam, 1972.

Doherty, Paul C. *King Arthur.* New York and Philadelphia: Chelsea House, 1987.

Frost, Abigail. *Myths and Legends of the Age of Chivalry.* New York: Marshall Cavendish, 1990.

Hart, Avery, and Paul Mantell. *Knights and Castles: 50 Hands-on Activities to Experience the Middle Ages.* Charlotte, Vermont: Williamson, 1998.

Hartman, Gertrude. *Medieval Days and Ways.* New York: Macmillan, 1952.

Hinds, Kathryn. *The Vikings.* New York: Benchmark Books, 1998.

Howarth, Sarah. *Medieval Places.* Brookfield, Connecticut: Millbrook Press, 1992.

———. *What Do We Know about the Middle Ages?* New York: Peter Bedrick, 1995.

Koslow, Philip. *El Cid.* New York and Philadelphia: Chelsea House, 1993.

Langley, Andrew. *Medieval Life.* New York: Knopf, 1996.

Macdonald, Fiona. *First Facts about the Middle Ages.* New York: Peter Bedrick, 1997.

Morpurgo, Michael. *Arthur, High King of Britain.* San Diego, New York, and London: Harcourt Brace, 1995.

Nardo, Don. *Life on a Medieval Pilgrimage.* San Diego: Lucent Books, 1996.

O'Neal, Michael. *King Arthur: Opposing Viewpoints.* San Diego: Greenhaven Press, 1992.

Osborne, Mary Pope. *Favorite Medieval Tales.* New York: Scholastic Press, 1998.

Perham, Molly. *King Arthur and the Legends of Camelot.* New York: Viking, 1993.

Sutcliff, Rosemary. *The High Deeds of Finn Mac Cool.* New York: Dutton, 1967.

ON-LINE INFORMATION*

Annenberg/CPB Project. *Middle Ages: What Was It Really Like to Live in the Middle Ages?* [http://www.learner.org/exhibits/middleages/]. 1997.

Journey through the Middle Ages. [http://tqjunior.advanced.org/4051/titlepg.htm].

Medieval Domestic Life. [http://www.millersv.edu/~english/homepage/duncan/medfem/domestic.html].

Medieval Fiefdom. [http://library.advanced.org/10949/index.html].

Scheid, Troy, and Laura Toon. *The City of Women.* [http://library.advanced.org/12834/index.html].

Wright, Allen W. *Wolfshead through the Ages: A History of Robin Hood.* [http://www.geocities.com/Athens/Acropolis/4198/robages.html]. 1997–8.

*Websites change from time to time. For additional on-line information, check with the media specialist at your local library.

BIBLIOGRAPHY

Atkinson, Clarissa W. *The Oldest Vocation: Christian Motherhood in the Middle Ages.* Ithaca, New York, and London: Cornell University Press, 1991.

Bloch, Marc. *Feudal Society.* Translated by L. A. Manyon. Chicago: University of Chicago Press, 1961.

Chaucer, Geoffrey. *The Canterbury Tales: A Selection.* Edited by Donald R. Howard. New York: New American Library, 1969.

Clark, Ethne. *The Art of the Kitchen Garden.* New York: Knopf, 1987.

Cosman, Madeleine Pelner. *Medieval Holidays and Festivals:* A Calendar of Celebrations. New York: Charles Scribner's Sons, 1981.

Coulton, G. G. *The Medieval Village.* 1925; reprint, New York: Dover, 1989.
Darnton, Robert. "Peasants Tell Tales: The Meaning of Mother Goose," in *The Great Cat Massacre.* New York: Basic Books, 1984. pp. 9–72.
Duby, Georges. *France in the Middle Ages 987–1460: From Hugh Capet to Joan of Arc.* Translated by Juliet Vale. Oxford, England, and Cambridge, Massachusetts: Basil Blackwell, 1991.
Gies, Frances, and Joseph Gies. *Cathedral, Forge, and Waterwheel: Technology and Invention in the Middle Ages.* New York: HarperCollins, 1994.
———. *Life in a Medieval Village.* New York: Harper & Row, 1990.
Gies, Frances, and Joseph Gies. Women in the Middle Ages. New York: Barnes & Noble, 1978.
Halsall, Paul, site designer. *Internet Medieval Sourcebook.* [http://www.fordham.edu/halsall/sbook1.html]. 1998.
Heer, Friedrich. *The Medieval World: Europe 1100–1350.* Translated by Janet Sondheimer. Cleveland and New York: World Publishing, 1961.
Herlihy, David, ed. *Medieval Culture and Society.* New York: Walker, 1968.
Herlihy, David. *Women, Family, and Society in Medieval Europe: Historical Essays, 1978–1991.* Providence and Oxford: Berghahn Books, 1995.
Knight, Stephen, and Thomas H. Ohlgren. *Robin Hood and Other Outlaw Tales.* Kalamazoo, Michigan: Western Michigan University for TEAMS, 1997.
Le Roy Ladurie, Emmanuel. *Montaillou: The Promised Land of Error.* Translated by Barbara Bray. New York: George Braziller, 1978.
Luria, Maxwell S., and Richard L. Hoffman, editors. *Middle English Lyrics.* New York and London: W. W. Norton, 1974.
Packard, Sidney R. *12th Century Europe: An Interpretive Essay.* Amherst: University of Massachusetts Press, 1973.
Shahar, Shulamith. *The Fourth Estate: A History of Women in the Middle Ages.* Translated by Chaya Galai. London and New York: Methuen, 1983.
TEAMS Middle English Texts. [http://128.151.244.128/camelot/teams/tmsmenu.htm].
Tompkins, Ken. *Wharram Percy, the Lost Medieval Village.* [http://loki.stockton.edu/~ken/wharram/wharram.htm]. 1996.

INDEX

Page numbers for illustrations are in boldface